萧劲光

共和国将军

何荷◎编著

青少年爱国主义教育读本

高红光　褚　银◎主编

浙江大学出版社
ZHEJIANG UNIVERSITY PRESS

图书在版编目(CIP)数据

萧劲光/何荷编著. —杭州：浙江大学出版社，2011.10
(2012.6 重印)
(共和国将军/高红光，褚银主编)
ISBN 978-7-308-08910-4

Ⅰ.①萧… Ⅱ.①何… Ⅲ.萧劲光(1903～1989)—传记
Ⅳ.①K825.2

中国版本图书馆 CIP 数据核字（2011）第 150721 号

共和国将军：萧劲光
何　荷　编著

丛书策划　徐有智
丛书主持　宋旭华　黄宝忠
责任编辑　谢　焕
封面设计　安宁书装
出版发行　浙江大学出版社
（杭州市天目山路 148 号　邮政编码 310007）
（网址：http://www.zjupress.com）
排　　版　杭州大漠照排印刷有限公司
印　　刷　浙江云广印业有限公司
开　　本　710mm×1000mm　1/16
印　　张　15.25
字　　数　212 千
版 印 次　2011 年 10 月第 1 版　2012 年 6 月第 3 次印刷
书　　号　ISBN 978-7-308-08910-4
定　　价　25.00 元

总　序

翻开中华民族的历史，上下五千年，历史每前进一步，总有那些杰出的军事将才在起着重要的作用。中国共产党缔造和领导的人民军队在开辟中华民族历史新纪元的伟大进程中，背负着国家和民族的希望，为实现党的奋斗目标和维护人民的根本利益，建立了不朽的功勋。伟大的事业造就伟大的人物。中国人民解放军的光辉历史，记载着数以百万计的先烈英名，也在千百次奋斗牺牲中锻造出璀璨夺目的一代将星。他们为人民军队的创建和发展，为中华民族的独立和解放，为新中国的繁荣和富强，作出了彪炳史册的贡献。他们所经历的艰苦卓绝而又波澜壮阔的斗争，构成了中国共产党、中华人民共和国和中国人民解放军光辉历史的重要篇章。他们所创造的伟大业绩和不朽功勋，谱写了中华民族争取独立解放和繁荣振兴的壮丽凯歌。他们所展示的理想情操和胸怀气度，是中国共产党人政治品格和精神风貌的生动体现。

中国人民解放军十位大将是在中国共产党领导培育下成长起来的一代中华英杰，是在中国革命战争这座大熔炉里锻造出来的一代军中名将。战争年代，他们出生入死，赴汤蹈火，为国家独立，民族解放，为人民共和国的诞生建立了不朽的功勋；新中国成立后，他们栉风沐雨，旰食宵衣，为军队强大、国家安全、人民幸福作出了卓越贡献。他们的光辉业绩和奋斗历程，是一部跌宕起伏的中国人民解放军军事史，是一部威武雄壮的中华人民共和国开国史。他们在长期的战争实践中积累的极其丰富的治军和作战经验，为毛泽东军事思想的形成和发展作出了重要贡献。作为中华民族优秀儿女的精英和楷模，作为20世纪中国千百年革命先驱的杰出代表，他们所闪现的伟大精神和高贵品质，永远影响、照耀和激励着后人。

长期的和平环境和优裕的生活条件，使得我们不少人的国防观念淡薄了，有些人甚至鄙薄军人这一职业。历史和现实一再向我们发出警告：天下虽安，忘战必危。浙江大学出版社做了一件很有意义的事：邀请高红光、褚银担纲主编，组织军事科学院的军战史专家撰写了一套十大将丛书。他们坚持党的解放思想，实事求是，与时俱进的思想路线，注重思想性、科学性和可读性相统一，立足于青少年爱国主义教育，定位于我党建国与建军史的普及型读物，试图通过宣扬十大将身上所展现出来的高尚品格、优良作风、革命精神和民族气节，激励我们民族特别是青少年一代的爱国主义精神和革命英雄主义精神，让历史告诉人们，以鲜血和生命捍卫人类和平和祖国尊严的职业永远是最崇高的职业，十大将身上所展现的伟大的民族精神，是中国共产党领导的革命、建设和改革事业得以冲破种种艰难险阻，不断取得胜利的原因所在，也是中华民族历经磨难而不衰，始终保持强大的生命力、创造力和凝聚力的原因所在。

中华文明具有高度的传承性和延续性。作为一个智慧的民族，总是善于从其优秀分子身上汲取力量、获得启示。愿广大读者，特别是青少年从这套书中追寻十大将的奋斗足迹，领略他们的丰功伟绩，探求他们在事业上成功的奥秘和人生真谛，继承和发扬他们坚定的政治信念、崇高的思想境界、优秀的人格品质、执著的爱国主义精神、勇于牺牲奉献的英雄气概，高举中国特色社会主义伟大旗帜，在夺取全面建设小康社会新胜利、开创中国特色社会主义事业新局面、实现中华民族伟大复兴的征程中，继续创造出无愧于前辈、无愧于时代、无愧于人民的英雄业绩。

原中共中央政治局委员
中 央 军 委 副 主 席
国务委员、国防部长 迟浩田

2011年6月

丛书前言

这套丛书从酝酿到出版一晃已是三年时间了，可谓好事多磨。策划并主编这套丛书，首先要感谢浙江大学出版社总编辑徐有智教授。有智是多年的老朋友，他出任总编辑后来京时的一次小聚，就有了这套丛书的构想。

众所周知，共和国十大将是在中国共产党领导培育下成长起来的一代中华英杰，是在中国革命战争这座大熔炉里锻造出来的一代军中名将，是在中国人民解放军这一英雄集体中涌现出来的先进楷模。他们政治信仰坚定，执著追求真理，为民族大义和人民利益，为人民共和国的诞生建立了不朽的功勋；他们顺应时代潮流，肩负历史使命，出生入死，身经百战，在血与火、生与死的考验中百炼成钢，走向辉煌；他们运筹帷幄，决胜千里，统帅雄师劲旅，在中国革命战争的历史舞台上演出了一幕幕惊天地、泣鬼神的历史活剧。他们是时代巨子，他们是历史的馈赠，他们是人民军队的铁血军魂，他们是人民共和国的一代元戎。

共和国十大将已经离我们远去，但他们的精神永存。十大将呈现给我们的是伟大的灵魂，不朽的丰碑，人生的标杆，壮美的凯歌，值得我们敬仰和回味。我们组织这套丛书就是立足于青少年爱国主义教育，定位于我党建国史与建军史的普及型读物。我们遵循实事求是的原则，重调查研究，以翔实、准确的史料为依据，把握经过实践检验的正确结论，不追求大将整个一生的全景扫描，而是选择关键性的战役与典型的事件来烘托大将们的功勋；不进行沉滞的理论论述，而以通俗的情节叙述为主，以情感人;不对人物的功过进行学术探讨,避开一些敏感的历史事件,恪守中央相关文件精神,确保科学与正确的理论导向,起到青少年受教育以及励志的效果,激励一代又一代的中华儿女在和平年代更好地创建中国特色社会主义伟大事业,这是历史赋予的神圣职责,更是面对未来的庄严承诺。

通过《共和国将军》丛书,我们可以深切地感受到一种震撼心灵的精神力量,这就是:解放思想,实事求是,不断推动马克思主义中国化的思想品格;百折不饶,不懈追求,对共产主义理想“虽九死而犹未悔”的坚定信念;鞠躬尽瘁,死而后已,对党和人民无限忠诚的高贵品质;不怕牺牲,一往无前,敢于压倒一切困难、压倒一切敌人的英雄气概;顾全大局,维护团结,个人利益服从革命利益的宽广胸怀;克己奉公,清正廉洁,永葆普通一兵本色的高风亮节。这种精神力量,已经深深熔铸在党领导人民继往开来的新的实践中,成为建设中国特色社会主义的强大精神支柱,并将代代相传、永放光芒。

丛书的编纂出版,得到原中共中央政治局委员、中央军委副主席、国务委员、国防部长迟浩田上将的关怀,他为丛书写了序言,给丛书的出版增添了绚丽的光彩。总政治部宣传部新闻出版局姚计军副局长、军事科学院宣传部包国俊副部长对这套丛书给予了充分肯定和大力支持,再次深表谢意。浙江大学历史系杨树标教授、“当代中国”丛书《中国人民解放军卷》编辑部副主任都国平研究员、军事科学院战争理论和战略研究部单秀法研究员在百忙中审读了书稿,使这套丛书更为完善,还要提及的是浙江大学出版社的黄宝忠副总编辑和各册书的责编们,为了此书的出版付出了辛勤的汗水,在此一并致谢。

高红光　褚银

2011 年 7 月于北京

目录

第一章　东方大学里的中国学生

★查戈洛斯基

★一声“岂有此理”，拳头上鲜血直流

★东方慢车之旅

★“学军事干什么？想当军阀啊！”

萧玉成和任培国在宿舍里辗转反侧，兴奋异常。但现实问题立刻摆在眼前：去，则要立即动身，而现在的学业还有几个月才毕业，文凭难道不要了吗？经过一番激烈的思想斗争，两个人决定：去！文凭不要了。

1921年春，萧劲光和刘少奇、任弼时等一起进入莫斯科东方劳动者共产主义大学学习，图为原“东方大学”外景

查戈洛斯基

1921年。暮春时节。

作为新生的社会主义国家苏联的首都,莫斯科到处喜气洋洋。共产国际正召开第三次代表大会。没有大腹便便的资本家,也看不到脑满肠肥的地主贵族,来自各国的无产阶级革命领袖和工人阶级的代表们,衣着朴素,神情肃穆,端坐在大厅里商讨国际大事。

阿尔巴特大街上,一群年轻的东方面孔引起了人们的注意。他们不远万里从中国跋涉到红色之都,专门来学习革命和进步的知识。这群人里有刘少奇、任弼时、罗觉(罗亦农)、吴芳,等等,当然,还有本书的传主萧劲光。

莫斯科,这令人向往已久的俄罗斯母亲城。萧劲光和同伴们还来不及回味异国风情,就被分配住进共产国际第三次代表大会的代表们下榻的柳克斯旅馆。

“今天该轮到你去旁听会议!”一个高个子的苏联小伙子对萧劲光做手势。他尽量放慢了语速,可俄语只能听个皮毛的萧劲光,仍是半天才反应过来。

去参加共产国际的第三次代表大会!这简直是梦寐以求的美差。

会议在克里姆林宫举行。高大恢弘的屋宇,光滑锃亮的地板,金碧辉煌的墙壁,千姿百态的雕塑,都使萧劲光惊叹万分。

“起来,饥寒交迫的奴隶;起来,全世界受苦的人……”萧劲光跟着代表们唱起雄壮的《国际歌》,这还是他第一次光明正大地用俄语唱这首意义非凡的革命歌曲,那么多人心里发出相同的吼声,萧劲光被深深震撼了。

会议开始,列宁同志走上主席台,会场立刻沸腾起来。也不知是因为离主席台太远,还是泪水模糊了视线,萧劲光看不清列宁的面孔。但是,能够亲耳聆听到波澜壮阔的《国际歌》,亲眼目睹伟大导师主持会议,和无产阶级的领袖列宁同志坐在同一个会议大厅,对出身贫寒的进步学生来说，该是多么的激动和难忘。

大会闭幕之后，这群中国学生进入刚成立不久的莫斯科东方大学学习。这所大学由列宁领导的第三国际创办，位于莫斯科中心特维尔斯卡娅街五十三号，是一座四层大楼的建筑。1920年9月，共产国际在巴库召开东方民族代表大会，为了培养东方民族民主革命的骨干，1921年5月便成立了莫斯科东方大学，全称是“莫斯科东方劳动者共产主义大学”，来学习的大部分是苏联远东各少数民族的骨干，也有来自远东各国的学生。学校的名誉校长是斯大林。

萧劲光故居光

正式学习之前，中国学生都被“派”了个俄国名字，萧劲光叫查戈洛斯基，任弼时叫布林斯基，为的是避免将来回国做革命工作时暴露身份。他们穿的衣服和鞋子都是欧洲的工人捐的，鞋子不管脚大小，一人一双。冬天穿一件很薄的黄色麻布衣服。每人再发一件军大衣、一条皮带、一顶尖尖的帽子，上面缀了一颗红五星。宿舍在二楼，一个可以睡下四十多人的大屋子，一律通铺，每人发得一床粗毛毯。同屋除了中国学生，还有朝鲜学生。

大学白天的课程主要是学习政治理论和俄文，像《共产党宣言》、列宁的《青年团的任务》、布哈林的《共产主义ABC》、波格丹诺夫的《政治经济学》等重量级读物和各国革命史及工会运动的小册子。一开始，这些学生的俄文水平尚低，上课时由瞿秋白和李宗吾做翻译。

瞿秋白是北平俄文专修馆的学生，俄文说得呱呱叫。萧劲光对这个清癯白净、文质彬彬的书生印象颇好。瞿秋白不仅课上认真翻译，课下也有问必答，丝毫没有架子。他常和"查戈洛斯基"一起谈心。

"我和共产主义本来没有直接联系，也是苦于没有出路。我自幼喜欢文学，本是想到俄国来专修文学。恰好北平政府和俄国改善关系，有一列车要开往俄国去赈灾，我就以《晨报》记者的身份乘那趟车来到莫斯科了。"瞿秋白对萧劲光说，"到了这里以后，十月革命的一切深深感动了我，我就留下来了。"

十几岁的年轻人，都还没有革命实践，只有一腔革命热情和寻求救国之路的愿望，对十月革命后俄国的一切都感到新奇美好，彼此交流起来分外投机，也逐渐确立了共产主义的人生观。

莫斯科的夏天十分短暂，入冬就变成一座雪城，夜晚很冷，有时低至零下四十度。学生们都没有多余的过冬衣服，冻得睡不着，就只好挤在一起取暖。好在都是小伙子，冷一点还扛得住，最要命的是吃不饱。苏联国内经济十分艰难，食品和各类物资都极度匮乏，有工作的人都要凭票证才能领到一个星期的口粮，大学教授也不过是在周六的时候，领到一块牛屎一样的黑面包。学生们晚上还要到街上站岗，防止社会革命党人和无政府主义者搞破坏。这样，站岗的学生们每人能发给半斤到一斤黑面包，不站岗的时候，一天只能领到一块两个巴掌合起来那么大的黑面包和几个土豆，还要自己斟酌着如何把他们分成三顿来吃。

这一天，萧劲光和任弼时结伴到四楼教室上课，两人爬上二楼，就气喘吁吁了。

"查戈洛斯基，我们休息一下吧。"任弼时扶着楼梯扶手说。

萧劲光也觉得两眼直冒金星，两腿发软。他一屁股坐在楼梯上，闭上眼睛好一会儿，才渐渐没有了眩晕感。

“早上吃了多少面包？”萧劲光问任弼时。

“全吃了，想图个饱，谁知还是饿。”

“嗯，我也是。这面包根本不在胃里停，直接到肠子里去了。”萧劲光开起玩笑来。

任弼时也笑了。两人站起来，继续艰难地爬楼梯——一步一步往上挪。天天如此，他们的身体都虚弱极了。

下课了，他们更加饿得发慌，便到宿舍里躺下。

“听说了吗？有人要求提前回国。”任弼时开了话头。

“为什么？”另一个同样饿得难受的同学问。

“这里太苦呗，从来都吃不饱。”

“哦，这样的人没有骨气！”萧劲光发言了。

“你们想不想回去？”任弼时又问道。

“现在回去算什么呢？什么都没学成，不管谁要走，我是不回去的。”一想到积贫积弱的祖国，萧劲光咬牙说道。

萧劲光一表态，其他同学也不再抱怨了。在当时的苏联，享受最好待遇的是红军，而列宁也不过是享受红军待遇。像萧劲光这样的外国学生也是享受这样最好的待遇，的确是对他们很优待了。在萧劲光的心里，因为觉得自己和同胞受到特殊关照，而广大苏联人民要比他们苦得多，便有种负疚的心情，深感苏联人民是具有高度国际主义精神的人民。

每到夜晚，伴随浓浓的思乡之情辗转反侧时，萧劲光越来越觉得自己走上革命道路，是最正确的选择。

一声“岂有此理”，拳头上鲜血直流

萧劲光本名萧玉成，父母对他寄予厚望，有“玉琢器成”之意。萧玉成的父亲，人唤“萧十二”，和萧的祖父一道走村串户，替人家纺纱织布糊口。母亲姓傅，原是橘子洲北边傅家洲人，先是给一户周姓人家做养女，后与萧十二结为夫妻。萧玉成有三个哥哥，大哥萧玉林，二哥萧厚成，三哥萧容华，还有两个叫春妹子、细妹子的姐姐。萧玉成最小，乳名满哥。在萧玉成两岁那年，父亲和祖父相继故去，撇下母亲孤身抚养六个子女，没有祖产，没有田地，他们的生活真是苦到极点。

贫苦的生活没有吓倒萧玉成的母亲，她在天马山租了一块社地（产权归庙主的荒地），盖起三间茅草房，种下几棵橘子树，开出几畦菜地，从此定居下来。在萧玉成懂事时起，家里唯一值点儿钱的家当，只有祖父和父亲留下的一架纺织机。哥哥们虽然未成年，也每天早早上山砍柴，姐姐们则留在家里做针线活。傍晚，母亲烧好开水，等着儿子们卖柴换米归来。如果上山碰到庙主和尚，不仅抢走柴草，还要呵斥打骂，因此，萧玉成的哥哥时常空手而归。这时，母亲就只好到邻居家借米下锅。所以，家里是没有隔夜粮的。为了生活，萧玉成的大哥和三哥十几岁就去当学徒，出师后当厨子，挣钱养家。姐姐们也练成湘绣能手，靠绣花贴补家用。再加上母亲辛勤劳作，种菜栽橘，精打细算，每年卖几十块钱供全家开支，聊以度日。

萧劲光家境贫寒，只有六七间土屋，现多已倒塌，这是萧劲光故居

萧家的艰难困苦，正是当时中国千百万社会底层劳动人民的缩影。但他们善良、勤劳、坚韧、聪慧，保持着中华民族的特性。受阶级地位和家庭影响，萧玉成从小便锻造出勇敢、顽强、深沉、坚毅的性格和奋发进取的精神。

萧玉成到了上学的年龄。由于哥哥当了厨师，家境略好，母亲便和长子萧玉林商量，要送萧玉成读书。旧社会，要想摆脱贫困，改变社会地位，只有读书。“万般皆下品，唯有读书高。”长沙自古以来便是一个文化之乡，出过不少文人墨客。萧玉林见过点世面，觉得萧家应该有个读书人，将来好光宗耀祖。就这样，萧玉成进了天马山西麓一家私塾，每天上学都要翻山越岭，还要提防时不时窜出来的豺狗、豹子。读了两年私塾，因新学日兴，萧玉成便到镇上“洋学堂”改读新学，每天往返二十里路。穷家孩子能上学不容易，萧玉成也特别珍惜自己的学习机会，读书很用功，从不叫苦叫累，成绩也不错。读书、上学、改变社会地位，萧玉成幼小的心灵里已经迸发了对不平等社会的抗争意识。

1917年，萧劲光考上长沙市长郡中学，图为长郡中学外景

功夫不负有心人，1917年，萧玉成考上了长沙饶有名气的长郡中学。

清朝末年，普天之下腾起一股废科举、兴学堂的潮流，长沙府中学堂便是1904年创办的，1912年改名长郡中学。学校校训为“朴实沉毅”，中国共产党的著名活动家如郭亮、李维汉、李富春、陈赓等人，都先后就读于长郡中学。

就这样，萧玉成成为长郡中学第二十五班的学生。萧家出了第一个中学生，在这个贫寒的家庭可是件大事。为了给儿子打点必要的行李，母亲把陪嫁的金戒指当掉。在萧玉成求学期间，一家人省吃俭用，赎出金戒指，到下次交学费时，再当掉。

长郡中学可谓萧玉成一生中重要的转折点。他求知欲极强，对一切未知事物都很好奇，学起各门功课来孜孜不倦。国语、算术、英文、地理、音乐、修身……萧玉成的眼前仿佛打开了一个新世界。除去主课，萧玉成还酷爱体育运动。萧玉成生得比较瘦削，却高大强健，在足球场上也总是一马当先。长郡中学的足球地位显赫，实力雄冠长沙各校，学校各年级都有足球队，踢得好的人还被封为“球王”。萧玉成球技不俗，被同学们评为

“八小球王”之一。后来，萧玉成就读于美国人办的湖滨大学，在中国学生和外国人的一次足球比赛中，他发挥了“球王”威力，奋力踢赢外国人，给中国学生争了光。

学习知识、体育锻炼，丰富的中学生活滋养着萧玉成。那时，萧玉成有个谈得来的知心朋友任培国。任培国是湘乡一个贫苦教师的独生儿子。任培国从小跟着父亲读书，天资聪颖，写得一手好字，作的文章也漂亮，因此家里举债供他不断求学。考上长郡中学时，任培国的父亲刚失业，家里仅靠母亲经营的年收只有几担谷的薄田勉强糊口，终年不得温饱。相同的家境和际遇，使萧玉成和任培国彼此思想接近，感情融洽。萧玉成性格内向、沉默寡言，对任何事情都不轻易发表意见。任培国则性格开朗、善于交际，又多才多艺，逢到汇报演讲，从不怯场。虽然性格迥异，但同窗三年，他们朝夕相处，互助互济，结下了深厚友谊。这个任培国，正是后来的任弼时。

“十月革命”一声炮响，给中国送来了马列主义。革命思潮的迅猛传播，也夹杂了一些自由主义和无政府主义，良莠不齐。当时的萧玉成还不是十分懂得马列主义，也谈不上信仰，只是出于对知识的好奇，他和任培国时常交流思想，传看一些进步书报。当时的反动统治者对“十月革命”十分仇视，把共产党诬蔑为“过激党”、“虚无党”。教育界虽然提倡学术自由，但在知识分子中，各种思想派别都有。一次，长郡中学的校长彭国钧在给二十五班学生上修身课时，突然话锋一转：

“现在世界上有这样一种思潮，就是俄国的‘过激派’。这些人说‘你的就是我的’。这种主张，你们赞成吗？”

“……”同学们面面相觑。

“赞成的举手！”

在校长的激励下，却也只有寥寥几人举手。有的人举起又放下，自己也稀里糊涂的。这个校长在“马日事变”以后成了国民党右派。但是，更多的教员还是有意无意散布对当前社会的不满，无形中也宣传了民主思想。北京大学毕业的一位英文教员熊梦飞在一次上课前说：

“今天我来上课，在街上看到这样一件事。有的人坐轿子，有的人抬轿子。为什么会这样？这不公平！”

出身贫寒的学生有着切身体会，这些思想引起了强烈共鸣。他们痛恨那些欺压百姓、作威作福的贪官污吏，痛恨那个不平等的社会。

1918年，北洋军阀张敬尧进入湖南，把长郡中学霸占作兵营。学生们形同失学。那时，萧玉成已年满十五岁，不甘心回家吃闲饭，想进铜元局做学徒工。但母亲舍不得小儿子做工，萧玉成错过了招工时间。不过，他和几个同学打听到长沙还有一家美国人办的湖滨大学，不要学费，只交点伙食费即可。他们求知欲正盛，想灌点洋墨水，便都考上湖滨大学，结果却大失所望。

“整天不是读《圣经》就是背《圣经》，有什么意思嘛。”

“‘别人打你的左脸，再把右脸伸过去给人打’，这不是傻子么？”

“是啊，也不教教他们美国的地理、历史，什么知识都学不到嘛。”

同学们在课前议论纷纷，萧玉成也窝了一肚子的火。湖滨大学简直就是美帝国主义进行文化侵略的教会学校！牧师抱着镶着金边的《圣经》进了教室。

“萧玉成，你来背诵我们昨天布置的《出埃及记》。”

“我背不出！”萧玉成决心要抵制毫无新意的作业。

“哦，上帝！你太不虔诚了。到黑板前来罚站！”牧师气哼哼地。

罚站？萧玉成一气之下把《圣经》狠狠摔到地上。

他被湖滨大学开除了。幸好，长郡中学复课了，因祸得福的萧玉成和同学们又回到长郡中学继续就读。

1919年的“五四运动”，如急风暴雨，迅速传遍全国，反帝爱国运动进行得如火如荼。长沙的学生也沸腾了，他们在湖南学生联合会的倡导下，全省学生总罢课，上街示威游行。各校都组织了“救国十人团”，广泛宣传爱国思想。长郡中学在一次集会上，“救国十人团”的发起人慷慨陈词：

> 呜呼！于兹乱世外侮日深矣，妻孥将受人淫辱矣，祖宗坟墓将被人掘发矣，财产将不复能保存矣，一身将为奴隶牛马任人鞭策矣！言念及此，莫不寒栗。此爱国之士呕心挥血奔走呼号，特倡救国十人团也。益救国即以救家，救家即以救身。苟吾国民痛定思痛，养其浩然之气，立其不拔之基，由一小团而十团，十团而百团，百团而千万团，合全国之无数小团而成为一最大之团，同心一德、力御雠仇，则会稽之耻固不难雪也。

这火一般的宣言如同春雷，炸醒山河破碎的浑噩，也让台下几百双眼睛流下热泪，冒出怒火。萧玉成也悲愤交加，难以名状，大喊一声“岂有此理！”一拳打在墙上，拳头上渗出殷红的鲜血。同学们都向他投去惊诧的目光。在平时沉默寡言的萧玉成看来，一个人要有自尊心，一个国家更要有自己的民族尊严。

萧玉成不仅愤而呐喊，也和同学们一道积极投身到轰轰烈烈的爱国学生运动中。此时，他恰好读到过毛泽东写的一些诗和文章，虽未谋面，却也对这个年长几岁的第一师范的才子心生钦佩。出于对帝国主义和卖国政府的仇恨，萧玉成产生了探索、寻求救国救民真理的强烈愿望。

东方慢车之旅

军阀张敬尧倒行逆施，鱼肉百姓。毛泽东等新民学会会员联合各界人士，利用湖南军阀谭延闿、赵恒惕与北洋军阀张敬尧之间的矛盾，发起了“驱张运动”，最终把恶霸张敬尧赶出湖南。接替上台的军阀谭延闿为粉饰门面，在执政之初，社会民主空气还比较活跃。毛泽东创办的《湘江评论》是当时最为突出的进步刊物。他们联络进步人士，宣传十月革命，宣传新文化新思想，在青年学生中引起了很大反响。

1920年夏，萧玉成即将毕业，他和任培国商量今后的出路。依靠家中资助继续读书？这显然是不可能的。长沙的工业学校、岳麓书院都令人向往，可学费昂贵，可望不可即。到外地投考大学？连路费都没有，更何况学费呢？看来，只有找个职业以求自立。但在那个时代，青年学生要找个合适的职业，谈何容易！

趁着暑假，萧玉成和好友任培国每天上街，寻找工作机会。一天，他们经过一个画馆，任培国大发雅兴，回去挥毫泼墨，画成两幅，拿去画馆一对照，比起画馆外面悬挂的样品，丝毫不逊色。任培国高兴地说："即使社会对刚毕业的学生是关闭的，但只要有一技之长，例如凭借画画也不至于饿死。"而且，后来任弼时到武汉作地下党工作时，画画还成了他掩护身份的手段。

但是，如果仅仅谋个一职半业，混碗饭吃，那也太不甘心了。萧玉成和同学们都向往出国，希望能效仿前几批去法国勤工俭学的学生，这样，既可以开阔视野，又继续求学，还能积累工作经验，一举三得。可惜，当时已经没有赴法勤工俭学的名额了，他们只好另谋出路。

有一天，任培国从街上回来，兴奋地对萧玉成连声说道：

"有办法了！有办法了！我们到俄国去！"

萧玉成听了十分激动。到俄国去！到"十月革命"的故乡去！

原来，任培国在船山中学的同乡任岳告诉他，船山中学的校长"贺胡子"贺明范等人组织了一个俄罗斯研究会，正要送一批学生去俄国学习。而他们俩也可以报名参加！

这不啻为天上掉馅饼。萧玉成和任培国在宿舍里辗转反侧，兴奋异常。但现实问题立刻摆在眼前：去，则要立即动身，而现在的学业还有几个月才毕业，文凭难道不要了吗？经过一番激烈的思想斗争，两个人决定：去！文凭不要了。

就这样，由任岳牵线，萧玉成和任培国找到"贺胡子"贺校长，提出申请，填表报名，正式加入了俄罗斯研究会。当时，俄罗斯研究会的书记干事就是毛泽东，这个组织正是遵照上海共产主义小组的指示，招收一批进步学生赴俄学习，以培养中国革命的骨干。这个研究会会务有三条：

第一，从事于俄国的一切事情之研究，以研究所得发行俄罗斯丛刊；

第二，派人赴俄从事实际调查；

第三，提倡留俄勤工俭学。

毛泽东、何叔衡、方维夏等同志搞了好多专题介绍俄国革命，萧玉成等年轻一些的学生初步明白了俄国革命是要建立工农当家做主、没有剥削压迫的社会。在他们的心目中，这样的社会多么令人向往！

不久，八月盛夏，俄罗斯研究会准备派第一批学生赴俄勤工俭学。萧玉成和任培国都入选，同行还有任岳、周昭秋、胡士廉和陈启沃。就在这个时候，萧玉成和任培国给自己改了名字。萧玉成改名萧劲光，任培国改名任弼时。从此，时势把他们推上了英雄辈出的政治舞台。

接下来就要准备盘缠。母亲得知小儿子要出国留洋，心里虽然一万个舍不得，却禁不起萧劲光和大哥的轮番劝说，出去见世面，总比窝在山沟里强。可怜天下父母心，谁不指望自己的孩子将来光耀门楣？母亲没有文化，却见识不短，她不知第几次当掉了自己心爱的陪嫁——金戒指，变卖了家中所有值钱的东西，哥哥姐姐再帮衬一点儿，凑上三十大元给萧劲光带走。

此一去，万里迢迢，不知何时是归途。萧劲光和任弼时一道，背负着内心的理想和全家的期望，远渡重洋。

上海淮海路渔阳里六号“外国语学社”

在相当长的时间里，上海一直是花花世界的代名词。所谓十里洋场，其实是一副殖民地半殖民地的缩影。各帝国主义大佬划分租界，把这个中国最大的城市搞得不伦不类。踏进上海的土地，却像身处异乡，这让萧劲光分外别扭，甚至感到难以忍受的压抑。

1920年8月，霞飞路（今淮海路）渔阳里六号，位于法租界的一栋两层小洋房迎来了六个年轻的湖南学生，正是萧劲光一行人。在他们之前，学社里已经来了十几个学生，有湖南的刘少奇、罗觉（罗亦农）、卜士奇，有江苏的吴芳、谢文锦，先后到此的还有彭述之、廖化平、许之桢、傅大庆等人。

几个湖南小伙子住进了贝勒路拐角的一个亭子间，公开身份是学点儿俄文好谋生的穷学生。外国语学社的负责人杨明斋一再叮嘱他们要注意身份，千万不能暴露要去俄国学习的事。在帝国主义和军阀统治的上海，谈俄国革命是要蹲班房掉脑袋的。亭子间简陋拥挤，萧劲光与同伴们只得席地而睡，饭食也极简单。生活虽然一如既往的清苦，但一想到要去俄国学习革命本领，回来改变旧中国的落后面貌，年轻人个个劲头十足，学起俄文来孜孜不倦。

杨明斋是个高大和蔼的山东人，俄语说得地道，一直为"第三国际"工作，负责联系送学生赴俄。教学生们俄文的另有其人，是曾在俄国工作过的王元玲小姐。除了学俄文，学生们还听马列主义课程。教材就是外国语学社发的，封面是马克思的《共产党宣言》。书是上海复旦大学的教授陈望道翻译的，每周日由他主讲一课。虽然书里很多术语让人费解，道理也颇深，但马列主义课并不枯燥，学生们觉得喷着浓郁香水的陈教授很有趣，这真是只有在大城市才能遇到的西洋景。

通过陈望道深入浅出的讲解，萧劲光第一次听到这么透彻的革命理论，明白了阶级斗争，明白了为何有钱人要敌视"十月革命"。当年，长郡中学彭国钧校长用"你的东西就是我的"对俄国革命进行曲解，再对比马克思"剥夺者就要被剥夺了"的理论，萧劲光心里豁然敞亮。无产阶级革

1921年1月，萧劲光赴苏留学。图为萧劲光、任弼时等四个行前和送行朋友的合影，后排右七为萧劲光

命的理论，打开了萧劲光等青年学生的光明大门，社会主义乐园就是他们的希望，中国要改变任人宰割的贫弱地位，就要向苏俄学习。

在外国语学社，萧劲光和任弼时一同参加了工读互助团。这是社会主义青年团的前身，机关就在学习俄文班的楼上，刘少奇是组织的负责人。那时，萧劲光和任弼时等人每天都安排得满满的，上午学俄文，下午除了学习，有时还要刻钢板，印传单，上街散发传单；为上海共产主义小组编辑出版的《劳动界》、《华俄通讯社》等刊物做做抄写和校对；遇到纪念日，就参加游行，而且往往举着标语横幅走在队伍前列。1920年底，当社会主义青年团建立后，萧劲光和刘少奇、任弼时就作为俄文班第一批学员转入了青年团。

八个月的学习时光如白驹过隙。上海共产主义小组已经要派萧劲光等人到苏联去学习。去苏联是非常不容易的，要通过很多关卡，冒很大风险，稍有不慎，就会被捕，甚至招来杀身之祸。为了减小目标，萧劲光等十几个人要分批行动，每个人都化了装以应付过关过卡的盘查。

先是从吴淞港登轮船离开中国，经日本长崎，开往海参崴。大家都是第一次出远门，好似初生牛犊不怕虎，心情格外激动，远洋轮船上的晕船呕吐等不适，都抵不上即将踏上苏联土地的兴奋。

初春时节，对于中国来说是高纬度的海参崴仍然刺骨寒冷，一片冰天雪地。来自南方的小伙子们谁也没体验过如此的寒冷，都没有御寒的衣服，十几个人缩在一家中国人开的旅馆里，冻得没法出门。刘少奇、罗觉、吴芳负责和海参崴大学的教授伊万诺夫接上头，安排日后的行程。海参崴不过是边陲小镇，却聚集了俄、中、日、朝等多国游民，而且，海参崴还是白区，人多眼杂，军阀张作霖的领事馆就盯上了这批南方口音的年轻人。刘少奇、吴芳等被抓去审问，好在他们临危不惧，机智应对，一口咬定是来做裁缝的，总算被放人。

下一站是伯力，这里已归苏联红军管辖。但从海参崴到伯力，中间有条伊曼河，河南为白区，河北是红区。为顺利通过，大家又是分头行动。萧劲光和任弼时分别打扮成裁缝和理发匠，装作互相不认识，一前一后走着。过日本人和白匪设的关卡时，恰逢鼠疫横行，盘查甚严。

萧劲光只有一个装着针头线脑的小包裹，所有衣服都在身上御寒，一个小裁缝，简单得不能再简单。一个日本医生给他夹体温表，折腾了半天，他被放行了。可当他偷偷打量任弼时的时候，任弼时正跟医生和哨兵争辩着什么。那医生把任弼时扣下了，拽到一栋房子里。

怎么办？学生们都是各自行动，萧劲光急坏了，身边没有可商量之人。他又不敢久留，只好一边担忧着任弼时，一边孤身前行。

伯力是苏联西伯利亚远东共和国的所在地。这里是一片新天地，人们笑容可掬，时不时能碰到执勤的苏联红军战士。但萧劲光心里沉甸甸的，他与刘少奇等人汇合后，发现十几个人里就差任弼时了。萧劲光诉说了任弼时遇险的经过。

“弼时恐怕来不了了……”大家都沉默了，没想到刚呼吸到自由的空气，就要失去任弼时。

过了两天，任弼时却奇迹般出现在大家面前。原来，任弼时那天发着高烧，被当做鼠疫嫌疑人扣了下来。在检查站又遭到多种盘问，他都沉着应对。最后，又给他测量体温时，他灵机一动，把体温表的水银部分露在外面，反复量了几次，体温都正常。日本人又问不出什么名堂，终于把他给放了。

这一路多波折，强迫性地给涉世不深的小青年们积累了不少处理危情的经验。以后的路途大都是红区，还算安全，从伯力走水路到黑河，从黑河经赤塔去莫斯科都是乘火车。萧劲光得以亲眼目睹“十月革命”后的苏联，在列宁和布尔什维克党的领导下进行艰苦奋斗。连年的战争，苏联的国民经济几乎降至谷底，沿途的建筑、道路、桥梁、工厂、村庄全都破烂不堪，生活必需品奇缺……但是在这极端困难的情况下，苏俄的人民并没有被吓倒，上上下下都洋溢着革命乐观主义情绪，一副当家做主的自豪感。这样的反差也让萧劲光十分感慨。到苏联之前，萧劲光只知道苏联好，劳动人民当家做主，但对胜利后的苏联如此伤痕累累、百废待举，还真是没有足够的思想准备。

火车是个只能烧木柴的闷罐子，没有水和取暖设备。萧劲光和同伴们每人从苏联红军那里领到枕头一样的黑面包，就是全部的口粮。这在物资匮乏的俄国已经是很高的待遇了。火车停靠贝加尔湖的时候，萧劲光他们第一次被俄罗斯的苍莽之美所吸引，纷纷下车透气。

"贝加尔湖！"

"你们记不记得，杨先生说过，贝加尔湖是苏武牧羊的地方！"

年轻人奔跑着，寻觅着，希望能发现苏武不辱使命的遗迹。

几个俄国人在湖边烤鱼，还热情邀请这些东方来客。萧劲光和同伴饱餐了一顿美味的木柴烤鱼，觉得一路的风寒也渐渐让位给温暖的春天了。

就这样，将近三个月的时光，花在了这条横跨俄国七千多公里的西伯利亚铁路线上，火车时走时停，没柴的时候大家下车搬柴，铁路被破坏的地方，就下车修铁路，甚至，遇到零星白匪袭扰，就奋起反击。等到达莫斯科的时候，已经是六月底了。

"学军事干什么？想当军阀啊！"

东方大学中国班在1921年冬开始组建党组织。萧劲光等人在上海加入社会主义青年团时，党还没有成立。在他们到苏联后，1921年7月中国共产党成立了。当年冬天，刘少奇、彭述之、罗觉、卜士奇等先转党，随后由他们几个党员和萧劲光等几个团员组成了中国共产党旅俄支部，彭述之任支部书记。萧劲光是1922年底转成党员的。旅俄支部是东方大学总支领导下的一个支部，萧劲光等人既是中共党员，又是联共(布)党员，发的是联共(布)党证。

东方大学开办时，苏联党内对殖民地革命问题有两派观点。布哈林、托洛茨基等人一派，认为当时的中国革命仍是旧民主主义革命，无产阶级还没有形成有力的阶级，因此东方来的学生不应该是职业革命家，而应该是医生、文学家、翻译，等等，以社会职业为掩护做地下工作。另一派是列宁,他分析了殖民地革命的形势,认为在殖民地国家里组织苏维埃是可能的,在帝国主义和无产阶级革命的时代,殖民地、半殖民地国家迫切需要一批职业的革命家。

萧劲光刚进东方大学时,学校曾给每个人一张表格,注明要学什么职业。萧劲光经过一路所看所想,对军事产生了浓厚的兴趣,他觉得革命就是枪杆子打下来的,中国要走俄国革命的路,中国革命要成功,军事家必不可少。于是,他在表格上郑重填写了"军事"。

多年以后,在延安毛泽东的窑洞里,萧劲光就当前军事形势向毛泽东讨教时,毛泽东风趣地说:"劲光,你可是科班出身的第一个学军事的军事家啊,我们可都是'土包子'啊!"

这当然是后话。

是一次偶然的机会圆了萧劲光的军事梦。苏联一所初级红军军官学校招生,东方大学便根据学生以前填写的志愿表,选派萧劲光和任岳、周昭秋、胡士廉去学习。

这所军官学校开设军事指挥、地形学等课程,萧劲光仿佛走进了一个神奇的世界。他第一次搞懂了军事思想和军事战略,准备全力以赴为心爱的军事奉献青春。

1923年秋,中国共产党总书记陈独秀来到了苏联,萧劲光四人被通知回校听总书记的报告。在国外见到党的领导人,他们像见了母亲一样亲切。可是萧劲光没有想到,总书记的到来,中止了他的军事家之梦。

"听说你们在学习军事?"陈独秀在跟青年们的谈话中问及此事。

"是的!"学生们很自信。

"胡闹!你们学军事干什么!想当军阀啊?"陈独秀突然发起火来。

原来,国内的京汉铁路大罢工已不幸失败,陈独秀认为中国不存在直接的革命形势,于是勒令萧劲光四人立刻回到东方大学。

尽管恋恋不舍,但党的指示不容置疑。让萧劲光四人高兴的是,他们一回到东方大学，就分到一份慰劳品。共产国际给每个中国学生发了半磅米，半磅咸猪肉，一磅土豆，一小包糖。四人饱餐一顿，那也算是萧劲光回忆中，在苏联吃过的最美好的一顿饭了。

有关殖民地革命问题的争论，直到中国无产阶级登上政治舞台，连续不断地开展罢工斗争，爆发了“二·七”大罢工之后，才算基本结束。中国国内的革命形势，充分表现了无产阶级的巨大力量。实践证明了列宁的观点是正确的。

在东方大学学习，虽然生活艰苦，但精神生活很丰富。大家经常凑在一起，各自表演起家乡的歌舞，或是拿手好戏。1924年的新年晚会上，在校的各国学生都自编自演了节目。萧劲光他们精心准备了一个反映中国军阀、资本家镇压工人罢工的戏。刘少奇同志扮演工人，彭述之扮演吴佩孚，萧劲光扮演军阀，其他学生扮演资本家和群众。大家一起讨论和排练，常常为角色和表演争论得面红耳赤。有的人说刘少奇扮演的工人“流着鼻涕，耸着肩膀，破衣烂衫”不好，但刘少奇坚持说中国工人苦难深重，就应当如此。

几十年后，萧劲光回忆到这一幕时，总是忍俊不禁：“虽然少奇同志扮演工人的演技并不怎样高明，但他那认真的态度，尽力按自己的想象来表现人物形象的一举一动，现在想来都十分有意思。”

浓稠的思乡之情时时围绕着萧劲光。想起祖国还在帝国主义、封建军阀的统治下，他的心情就分外沉重。1924年1月，也就是新年后不久，萧劲光遇到了在苏联三年期间最悲痛的事情，世界无产阶级的伟大导师、苏联人民的伟大领袖列宁同志逝世了。塔斯社把消息传到苏联的各个角落，顷刻间，整个苏联都沉浸在悲痛的海洋中。

东方大学的灯火彻夜通明。没有人睡觉，没有人喧哗，大家都在默默地对无产阶级领袖进行哀悼，并等待党组织安排悼念活动。

萧劲光心中隐隐作痛。这样一个伟人，这样一个好人，他不应该去世。如果不是敌人三番五次下毒手，如果不是留在身体里那几颗罪恶的子弹，他是不会这样早早就离开人间的。萧劲光恨恨地想：这些社会革命党该千刀万剐！他拿出笔记本，笔记本的扉页上是列宁的一张肖像，是

他从《真理报》上剪下来的。他想了想,在相片下面写了两行小字:

永远记住这一天,一月二十一日。

列宁,你永远活着。

听说可以瞻仰遗容,翌日一大早,萧劲光便赶到安放列宁遗体的工会大厦的广场上。已经有成千上万的苏联工人、农民、士兵、知识分子及各阶层的人民来到这里,要见列宁同志最后一面。大厦外排着长龙一般黑色的吊唁队伍,缓缓移动着。在滴水成冰的隆冬季节,人们不感觉寒冷,他们或是哀恸,或是捶胸顿足,向自己敬爱的领袖告别。这就是苏联人民所谓的"列宁的日子",它和寒冷联系在一起,它和悲痛联系在一起。

萧劲光终于得到了进入工会大厦瞻仰列宁遗容的机会,他荣幸地作为东方民族的代表,和任弼时、任岳、周昭秋四人一组,分别站到棺椁的前后左右,为列宁守灵五分钟。当亲眼见到列宁安详的遗容时,萧劲光情不自禁流下了眼泪。

列宁是一位改变了整个历史发展方向的时代巨人,是一位为全体被压迫人民和被压迫民族指明解放道路的开拓者。他的死,震动了世界,也牵动了千百万人民的心灵。萧劲光在内心深处问道:为什么人们对自己的领袖有这样深厚真挚的感情?因为他代表了人民的利益,为人民的事业献出了毕生的精力,因而博得了人们的无限爱戴。悼念的情景,也让萧劲光坚信自己所信仰的共产主义事业之所以战无不胜,就是因为她扎根于被压迫人民、被压迫民族的深厚土壤里,为这一事业去流血牺牲,将是何等的有意义!

在苏联的三年,是萧劲光一生革命的基石。他从一个具有民主主义思想的进步青年,成长为一个光荣的布尔什维克。他完成了世界观的转变,成为一个自觉的革命战士。

第二章　二十出头的北伐中将

★文艺宣传也是干革命

★投笔从戎，“大家都是学着做的”

★南昌城下，“国共”并肩战斗

★再相逢已是敌手

“你们的萧党代表如何？”

“很努力，很合作。”戴岳也实话实说。

“那么，他是CP呢，还是CY？”

“是共产党。”戴岳直截了当说，“喝过洋墨水，在苏联学过军事，很有军事头脑，也很能鼓舞士气，振奋军心。”

与周士第在兴县

文艺宣传也是干革命

1923年，孙中山在共产国际的直接帮助和中国共产党的推动下，改组了国民党，推行“联俄、联共、扶助农工”的三大政策，国共两党在此基础上开始了第一次合作。国内革命斗争形势的发展迫切需要干部。于是，在东方大学的中国学生应党中央的召唤，陆续提前回国。

1924年春，萧劲光按照来时的路线，回到阔别已久的祖国。他先和上海党中央联系，随即被派驻长沙。在长沙与湖南省委接上关系后，立即回家探望日夜思念的母亲。不幸的是，曾经拉扯六个孩子艰难度日的伟大而平凡的母亲已经去世多日了。养育之恩未报，甚至没能见临终一面，这让萧劲光分外难过。他多希望像母亲一样受苦受难的中国人民早日得到解放。

不久，湖南省委的负责人何叔衡介绍萧劲光到安源路矿工会工作，和萧劲光一起回国的胡士廉、任岳也先后来到安源。这期间，在中国共产党领导下的以安源为中心的工人运动开展得如火如荼。安源最早的工会领导人是李立三同志，当萧劲光到达安源时，李立三已经去了上海，由刘少奇担任工人俱乐部主任。之后是陆沉，陆沉后是黄静源。萧劲光和毛泽民、任岳一起住在消费合作社的楼上，下边就是卖货的地方。毛泽民就是消费合作社的主任，胡士廉是工人俱乐部的组织股长，萧劲光是游艺股长。安源的工人运动在刘少奇等人的领导下，搞得有声有色，形势喜人，成为全国工人运动的中心之一，有“小莫斯科”之称。

安源路矿工人筹资建造的俱乐部旧址

在安源工人俱乐部工作的同志，按照巴黎公社的组织原则，每月工资不超过工人中的中等水平，也就是五块钱，交了饭费后也所剩无几。那时,同志们都很明确,要真正为工人阶级的解放而工作,谁也没有讲究生活待遇的想法。

在安源大罢工胜利之后,在工人领袖和党内一些同志中滋生了“左”的情绪。一位高个子的工人纠察队队长谢怀德在工人集会上,同刘少奇争执起来。

“依我说,明天还不上工!资本家太可恶,就该组织全市的工友们再去游行!”谢怀德拍着桌子大声嚷嚷。

“谢队长,你看,那些不能上工的工友,没有钱买生活用品,生了病也没钱治病,老是罢工下去,这不是反而损害了工友的利益嘛。”刘少奇说道。

“不,宁可饿死,也不向资本家低头!”时任俱乐部副主任的陆沉也给谢怀德帮腔。

“大家都冷静些,要讲究策略。咱们不能只讲进攻,不准妥协。”刘少奇继续劝导。

“谁去上工谁就是资本家的狗!”谢怀德不依不饶。

“煤矿生产已经瘫痪了,那么多工友被开除,那么多人的生活无法维持,如果大家吃不上饭,穿不上衣,你这工会说话还有什么分量呢?”刘少奇说。

“工会当然有分量!就是要跟资本家斗争!不革命,怎么显得我们是工人阶级嘛?”陆沉态度一直很强硬。

“陆副主任,我们党对工人运动的指示精神主要是‘反对帝国主义、军阀、资本家的压迫,维持安源煤矿的生产,不使工人失业,保护工人的基本利益,所以,做工作要一步一步来。”

“我赞成刘主任的意见。”萧劲光给刘少奇以支持。

“好,萧股长,明天我再下一趟矿井,听听工人兄弟自己的意见,然后再和资本家们谈判!”

就这样，刘少奇同志坚决执行了党对工会工作的指示，对那些“左”倾情绪进行及时的说服教育，对安源工人运动沿着正确的方向发展起了极大的促进作用。

萧劲光在安源工作的一年时间，主要是做宣传，工作对象就是针对青年工人。他们经常把青年工人组合起来搞娱乐活动，通过唱歌、演戏、学文化等形式，向其灌输革命思想，将其团结在党的周围。安源工人大厦落成之后，每个星期都有文娱晚会。

一天，任岳、胡士廉等几个负责人在准备节目。

“萧股长，活报剧也演了好几回了，该编个新本子了。”

“我看，凡是反对资本家压迫工人，或是打倒帝国主义和军阀的，工友们都很爱看，效果也不错嘛。”

“我想起来，我和少奇在苏联学习的时候，不是搞过一个短剧吗？刘主任的工人演得蛮生动呢。”萧劲光一拍手，对大家说。

“对呀，在莫斯科演得，在安源更演得嘛。”

“那少不了请刘主任出山，还有萧股长的大军阀呦。”

“对，就这么办，我们再好好编排一下那个剧，今天晚上就上演。”

演出很成功，不仅工人们感同身受，很多人甚至抹着眼泪，连附近的不少农民兄弟也赶来观看，气氛十分热烈。

安源工人俱乐部除了在工人中间做工作，他们还每星期下乡一次，

1924年6月，萧劲光和刘少奇等与安源路矿工会工人学校教职员合影。前排左起第二人为萧劲光、右起第一人为陈潭秋，第三排右起第二人为刘少奇

向农民宣传革命道理和工农联盟的思想。通过和工人朝夕相处,患难与共,萧劲光深深体验到煤矿工人的悲惨生活和团结斗争的力量。工人阶级团结一致的组织性和坚定不移的革命性,无时无刻不在教育着初次参加革命工作实践的青年。

1925年,上海发生了震惊中外的"五卅"惨案,全国各地的工人阶级奋起声援。安源工人俱乐部领导所属的一万三千工人,开展了轰轰烈烈的捐款、罢工和游行等活动,在物质上和精神上都积极支持上海工人。六月,安源党组织派萧劲光为代表,携带几万元捐款和慰问信去上海慰问。萧劲光得以见到上海工人坚持罢工斗争的高潮,随处可见游行的人们,工厂停工,学校停课,商店歇业。上海工人的革命斗争受到全国各地工人、学生、市民的支持,中国人民团结起来的巨大力量,预示着革命的高潮即将到来。

但是,一两个月后,安源工人俱乐部被军阀破坏了。安源俱乐部的领导同志正在开会,军阀来抓人,主任黄静源让大家立刻转移,他坚决留下和军阀斗争。结果,转移的同志都脱险了,黄静源却被捕英勇牺牲。在当时的革命同志中,一腔热血激励着他们以献身于无产阶级革命为最光荣,这种视死如归的精神永远值得颂扬。在那个时候,年轻的中国共产党还没有武装,手无寸铁,以血肉之躯和武装的军阀对抗。正是在血的代价中,中国共产党不断总结经验,逐步走向了成熟。

萧劲光从上海回到安源后不久,就被湖南省委派到广州工作。毛泽民与他一路同行。到了长沙又恰好碰到毛泽东同志从上海来。中共湖南省委负责人易礼容做东请他们吃饭。席间,毛泽东向他们介绍了广州国共合作的形势后,说:"中国将面临一个大的社会变革,需要一大批同志为之奋斗,有志者必有大作为。"

此后,萧劲光和毛泽民走水路,毛泽东走旱路,分头抵达广东。

投笔从戎,“大家都是学着做的”

1925秋,广州。陈赓奉周恩来之命,前去码头迎接来自安源的萧劲光。

广州街头到处都是雄赳赳的军队,“出师东征”、“打倒军阀”的标语随处可见。陈赓一身戎装,举止洒脱,有良好的军人姿态,萧劲光很是艳羡,军事瘾头又暗暗发作了。一番交谈后,原来两人既是湖南老乡,又是长郡中学的同学,只是陈赓长萧劲光几级,彼此都相见恨晚。陈赓还是黄埔一期的高材生,当时任黄埔军校政治部主任周恩来的秘书,年轻有为。萧劲光也憧憬着,争取到军队中工作,以偿夙愿。

广州区委书记陈延年是陈独秀的长子,有着与其父完全不同的气质,高鼻阔嘴,不失英武之气。萧劲光向这位曾是东方大学的老相识报到后,顾不上寒暄,吐露了自己渴望从戎的想法:“这下可好了,我一看外面的形势,就知道组织是调我来搞军事的。我早盼着这一天了……”

报到前,他和陈赓攀谈时,知道广东国民政府的军队里就有国共两党的党员,第一次东征势如破竹,一路捷报;第二次东征迫在眉睫,军队很需要人,尤其需要懂军事的人才。他很希望自己能有用武之地。

“先不要急,住下。要做的工作多得很呐,到时候想休息也休息不成了。”听了萧劲光的肺腑之言,陈延年眼带笑意。

“外面热火朝天,我哪能闲得住啊!”萧劲光很诚恳,“给我分配些工作吧,干什么都行。”

“那好,先给我帮帮忙。恩来同志马上要出征了,他负责军事工作。等他回来,我一定把你的要求和他谈谈。”陈延年说。

萧劲光就住进了东山,在紧张的工作中一晃就是两个月。

国共合作以后,经过两次东征,广东革命政府根据地得到巩固和发展。1925年冬,广东革命政府将所属部队改编为国民革命军第六军。孙中山、廖仲恺“以俄为师”,在国民革命军中建立了党代表和政治工作制度,迫切需要一批同志去军队中做政治工作。

周恩来同萧劲光谈了话，要他到国民革命军中工作，当时国民革命军第二军的党代表李富春也在座。

“来，我给你们介绍一下，这位是李富春同志，留法勤工俭学的，现任国民革命军第二军党代表。你的同乡，湖南人。”周恩来说，又转向李富春，“这是萧劲光，莫斯科东方大学的，在安源搞了一年工人运动。”

李富春热情握住萧劲光。萧劲光感到对方似曾相识，一问，原来李富春也是长郡中学十六班的学生，是他谋过面却不相识的学长。

“听说你在苏联学过军事，有志于搞军事工作？”周恩来笑着问。

“是的，我喜欢军事，学了一年，总书记不让学了，才又回到东方大学。”萧劲光坦白道。

李富春惊喜地同周恩来对视，会意一笑。

“新改编的国民革命军实行党代表制度，准备派你去做政治工作，你看怎么样？”周恩来用征求的口气问萧劲光。

“我服从组织安排！”萧劲光掩饰不住高兴的心情。能到军队中工作，正中他下怀。

李富春如获至宝，唯恐错过了机会：“那，到我们二军来吧！我们还缺个师党代表。劲光同志正好是湖南人，来做工作再合适不过了。”

萧劲光还有些心里没底：给一个师做党代表，他能胜任吗？

“我只学过一年军事，未做过实际工作，怕是……”

“没关系！大家都是学着做的。”李富春鼓励他。

确实，在那些已经经营了数十年历史的军队里，军官们大都进过讲武堂、军官学校，不少人曾出洋留学，中国共产党派人去做政治工作，若是没有“资格”，则很难打开局面。第二军的前身原是谭延闿的湘军，于1923年分化出来，南下依附于孙中山，改编为国民革命军第二军。谭延闿任军长，鲁涤平任副军长，军、师部有苏联顾问，下辖四、五、六三个师及教导师。除了军党代表李富春外，四师党代表李六如曾留学日本，五师党

1925年7月，萧劲光被授予中将军衔

代表方维夏是湖南有名的教育家。他们都四十岁左右了，既有工作经验也有威望。萧劲光虽然年轻，但他留学苏联的经历，在时值“联俄联共、扶助农工”之际，也可谓一块金字招牌。

不久，萧劲光加入了国民党，被正式任命为国民革命军第二军第六师党代表，才二十二岁就授了中将军衔。

萧劲光来到了位于韶关的第二军第六师。六师师长戴岳，毕业于保定军官学校，在湘军中供职多年，是军长谭延闿的股肱之臣。戴岳向萧劲光一一介绍了第六师的诸位官员：副师长朱耀华、十六团团长黄友鹄、十七团团长廖新甲、十八团团长刘风、教导团团长陈嘉佑。萧劲光扫视一圈这些湘军的老幕僚，岁数都三四十开外了，相比之下，自己确实太年轻。

一位苏联顾问也闻讯赶来，戴岳介绍道：

“这位米柳什切维奇，是我们六师的军事顾问，大家都唤他‘米柳史’。”

“仄拉斯维切(俄语：你好)！”萧劲光直接用俄语同米柳史打招呼，“米柳史同志，今后我们一起工作，请您多多指教。”

“仄拉斯维切！”面膛红润的苏联顾问高兴地紧紧握住萧劲光的手，“萧党代表会讲俄语，太好了，以后工作就方便了。”

众官员虽然听不懂他们的交谈，但对这个年轻的中将党代表可着实不敢小觑了。他们暗自打量起萧劲光来。他脸庞棱角分明，身材高大魁梧，衣着整洁得体，举止大方周到，操一口流利的洋文。共产党的干部果然不一般，众官员不由得心生敬意。

第二军在国民党中属于“左派”，军长谭延闿还在广东革命政府任主席，部队对国共合作的方针是全力拥护。戴岳也曾在天津参加过秘密“倒袁”活动，具有一定民主主义思想。他向初来乍到的萧劲光表示：“我们都是军人，不懂政治。但我们竭力拥护孙总理的遗嘱，努力与共产党合作。今后的政治工作，全仗萧党代表和米顾问。我们诸兄弟全力相助。”

众官员也随声附和。

“我个人能力有限，全靠大家通力合作，共同为实现孙总理的遗训而奋斗。”萧劲光也简单得体作答。

中国共产党是全心全意搞国共合作的。萧劲光严格遵照党的指示，言必称三民主义、总理遗训，宣传打倒列强、除军阀的道理，灌输“联俄联共、扶助农工”的三大政策。他在部队倡导民主改造，废除肉刑，实行经济公开，不准克扣兵饷，极大提高了士兵执行纪律的自觉性。萧劲光给士兵们讲苏联的故事，讲社会主义、共产主义。这些闻所未闻的事让士兵们耳目一新。多年来，他们受军官压迫已成习惯，虽然不满，却也无奈，当兵吃粮，唯有任人摆布。如今，这个跟他们年纪相仿的党代表说出许多新道理，让他们知道世界上还有人人平等的制度和社会，那么，国民革命也就有了成功的方向和希望，军队也逐渐培养了凝聚力和战斗力。军官们很多也是初次听到这样的新道理，虽然对党代表的一些做法感到不满，但也没有过多的抵触言论。革命就是砸烂旧秩序，建立新秩序，何况，党代表还有至高无上的权力。

戴岳曾接到不少属下的小报告，说萧党代表整天往各团各营蹲点，开口闭口“官兵平等，不许体罚下属，经济公开”，还有很多新名词，什么“社会主义”、“工农兵联合起来”、“革命胜利后人民当家做主”……特别会拉拢人心。搞得士兵们像喝了迷魂汤，长官一训斥，就用“萧党代表如何如何说的”来反驳。不少长官们有些颇不服气，觉得不用这么带兵，照样能打胜仗。

戴岳虽然心里对萧劲光的做法有抵触，可当着部下又不便发作，况且带兵多年，他深知绝对不能空口无凭地伤人，要查明实际情况。他带上副官,也去了萧劲光蹲点的团。

国民革命军操典上明令每天早上要举行队前仪式,背诵孙中山总理的遗训。那天早上,萧劲光就在检阅台上主持仪式。

“余致力国民革命凡四十年,其目的在求中国之自由平等。积四十年之经验,深知欲达到此目的,必须唤起民众及联合世界上以平等待我之民族……”

操场上的官兵背诵完遗训,萧劲光大手一挥,说道:“全体同仁,我们都是国民党党员,是孙总理的信徒,军队实行党化,我们要懂得自己的责任,实现总理的遗愿……”

“铲除军阀!打倒列强!为实现总理遗愿而奋斗!”上下官兵同仇敌忾,誓言气壮山河。

戴岳不动声色。其他的团部他也都转过一遍,看在眼里的都是劲头十足的士兵,而在以前,一上训练场,这些兵们还要教鞭抽,皮靴踢,唯唯诺诺的。

“师座!报告师座,萧党代表来团里几次,把大家练兵的劲头都鼓动起来了!”

“是啊,我们带兵,比以往轻松不少呢。”

几个基层的连长和排长争相向戴岳汇报。

“让我练吧!这点儿皮肉伤不算啥。”一个练习匍匐前进的士兵把胳膊都磨破了,班长让他离队休息,他拗着不走。“萧党代表说了,眼下练得苦虽苦,也就伤点儿皮肉,要是练不好,上了战场,流的就是血,丢的就是命啦。”

到底是萧劲光下了命令,不让当官的欺压士兵,士兵变规矩了?还是当兵的在萧劲光的鼓动下情绪高涨,用不着当官的管束了?戴岳竟生出一丝羡意。萧劲光果然是喝过洋墨水的,带兵有门道。不过,在戴岳心里仍不大服气:论鼓舞人心,共产党厉害;真要打起仗来,还得靠我“国军”。

在今后的国共合作期间,萧劲光和戴岳基本上相互尊重,协同指挥,合作比较舒心。但在后期,戴岳越来越感觉到共产党政治工作的威力,出于戒心和防备,派了心腹到政治部工作。而蒋汪合流后,他就倒向了国民党右派。

共产党当时强调，要以团结合作为主，明确指示共产党员不当军事指挥官，在部队不设党支部，不发展党员。军内很多公开的党员，代表中国共产党在国民革命军的各级组织中，做了大量的政治工作。实践上，为了开展工作，第六师还是设有秘密支部，也开会过组织生活，保持了相对的独立性，甚至也秘密发展了一些党员。在当时的国民革命军中，除了第四军的叶挺独立团外，第二军的政治工作人员的数量也是比较多的。军队的政治工作改造很有成效，在接下来的北伐战争中，就显示了巨大威力。

南昌城下，“国共”并肩战斗

1926年7月，国民革命军挥师北伐。正义之师，民心所向，规模之大，影响之广，形成了第一次国内革命战争的高潮。

北伐军第一期作战计划是出师湖南、湖北，以消灭吴佩孚为目的。准备在两湖取胜之后，再向长江中下游发展，消灭孙传芳部；而后视机向长江以北发展，消灭张作霖。第二、三军作为右翼，要策应以第四、七、八军担任的湖南战场的正面主攻。7月7日，第二军的四师和萧劲光的六师从韶关出发，一路北进，于7月中旬集中到茶陵，以监视江西，策应醴陵。一路上基本无战事。部队士气高昂，纪律严明。六师还曾以“不怕死、不扰民”制定了官兵的臂章，强调革命军是为救民于水火之中而出征的，要求不扰民，真爱民，搞好军民关系。对于严重违纪的就坚决处分。

部队进驻汝城时，十六团团长黄友鹄被告了状，他私自向地方抽税两三千元。怎么处置？黄友鹄也叫过屈：他堂堂一个团长，没有点细软，没有点家当，怎么笼络手下卖命的弟兄们。萧劲光让戴岳先表态。

“停职察看，以观后效吧。”戴岳对黄友鹄还是有些护短的。

萧劲光认为不妥:"黄团长打仗算是拼命的,可私自抽税,数目庞大,不说罪大恶极,也是无可原谅。不严肃处理的话,老百姓会认为,咱们国民革命军口口声声'不扰民,真爱民',其实跟孙传芳、张敬尧他们都是一路货色了。"

"那,就撤职处分!"戴岳沉吟再三,掂量掂量轻重,终于把黄友鹄的团长职务给撤了。

1926年9月,国民革命军的第四、七、八军在汀泗桥、贺胜桥大破吴佩孚主力。兵临武汉时,占据闽、浙、赣、苏、皖五省的孙传芳以十万大军入赣,妄图利用江西这一"吴头楚尾、粤户闽庭"的战略地位一箭双雕,既打退北伐军,又赶走吴佩孚。孙传芳的举动严重危及两湖战局和广东后方安全,因此,北伐第二期作战计划改为以江西为主攻战场,消灭孙传芳。

9月6日,总攻开始,第六师的十七、十八团参加了萍乡之战。副师长兼十六团团长朱耀华率部从茶陵出发,驱逐莲花之敌。当时,萍乡有敌六、七千人,由于北伐军声势逼人,锐不可当,稍一接触,敌人就望风而逃。当日,第二军就进占了萍乡。萍乡人民热烈欢迎北伐军,召开了规模空前的盛会。当时报道有云:

> 江西人民受北洋军阀十余年压迫,倒悬待解,望切云霓。此次国民革命军第二、三军进攻江西,经于本月六日占领萍乡……于本日午后三时在大西门外校操坪,开市民大会,欢迎革命军。……是日烈高悬,天气炎热,然而到会者极为踊跃,人数达六千以上。第二军李党代表富春,第三军朱党代表克靖,第四师王副师长捷俊,第六师萧党代表劲光,相继演说,听者大为感动。次有两工人代表,及农友二人,登台演说,历数北军蹂躏惨状,及贪官劣绅土豪狼狈为奸之罪恶。淋漓尽致,并谓人民应真心帮助自己之救星——革命军,以打倒共同敌人。……最后一次整队游行,为空前未有之盛举。

北伐军继续东向,跟踪追击敌部,攻占了宜春、分宜,逼近新喻。此时,北洋军阀的江西都督邓如琢从南昌赶到前线督战。在分宜至新喻之间,据险布阵,企图顽抗。这是第二军出师以来打的第一个硬仗,正面就是地势险要的仰天岗阵地。那场战斗非常激烈,军、师、团党代表都亲自上前线做宣传鼓动工作。由于多次冲锋不克,军部命令六师由袁水南岸迂回至敌人侧后。不料部队的行动被敌人发现,邓部立即增兵向六师反扑。当时,六师的十六团和十八团一营出击莲花、永新,兵力不多,阵地几次险被突破,情况十分危急。萧劲光和戴岳亲临第一线阵地,镇定指挥部队,鼓动官兵英勇杀敌,坚守阵地。终于,六师打退敌人反扑,与正面突击的部队形成南北夹击之势。仰天岗被夺了下来。

新喻攻下后,敌人如惊弓之鸟,溃不成军。邓如琢见势不妙,逃向抚州。入赣仅半月,第二、三军连克十多个县,战事进展顺利。但第六军和第一军第一师袭占南昌后,孙传芳闻报大怒,增兵反扑,严令前线各军"限日夺回省城,否则军法从事"。北伐军袭占南昌的军队势单力薄,致使南昌再陷敌手。当时,第二军六师与四师已攻下樟树,邓如琢退居南昌城内,通电辞职。第二军各师遂向南昌进发,追击残敌。

南昌战役是江西战场上最关键的一战,蒋介石亲临前线部署。一战南昌,由于兵力调度失当,南昌得而复失。二战南昌,双方都更加慎重。孙传芳败,则不但不能保住江西,连江浙也要动摇;北伐军败,则不仅危及湖南、湖北,广东后方也堪忧。因而,作战伊始,双方就拿出主力,摆开决战架势。

第二次攻打南昌,一开始北线就作战不利,各军协调不好,未达到预期目的。蒋介石没有及时调整作战计划,命令仍按原计划攻城。依据十月十日的命令,第二军第六师在西南以主力进攻进贤门,另以十六团绕攻惠民门。十二日拂晓,各部同时发起进攻。

"这可是场硬仗啊。"戴岳盯着军用地图,自言自语。

"军里面,李富春党代表已经召集了政治部会议,要求政治工作人员把工作做到实处,让全体官兵懂得这一仗的意义,明确肩负的责任。"萧劲光接茬说,“我回来后到各团转了转,摸了摸情况,下面士气很高,不少营、连长还抢着要第一批攻城呢。”

戴岳点点头,他还是略有顾虑:“士气是有了,不过,单靠我们一个师,要拿下进贤门和惠民门,恐怕单薄了些。”

“我看,最重要的是组织一支奋勇队,抢先爬上城墙,只有撕开一道口子,部队才能攻上去。”萧劲光对答。

戴岳应道:“正合我意。就挑些尖子吧。”

萧劲光和戴岳从各团选拔了以年轻的共产党员、共青团员为骨干的奋勇队。这些共产党员、共青团员的身份是秘密的,但戴岳也多少清楚,他们的勇敢精神是老湘军不能比拟的。

奋勇队在火力掩护下,冒着枪林弹雨冲到城墙下,架梯登城。墙头上敌人火力凶猛,手榴弹像冰雹一样倾泻而下,奋勇队遭到城上守兵的顽强抵抗,几次登城均未奏效。城墙下已堆积着一具具官兵的尸体。

“顶住!无论如何给我顶住!”

“什么,伤亡太大?不行,不能撤下来,临阵脱逃者,杀无赦!”

指挥所里,戴岳抓着电话听筒,听到全是进贤门下连连失利的战况,心急火燎。

看来,孙传芳是要孤注一掷了!萧劲光也焦急地来回踱步。

在惠民门,十七团与敌人展开了激烈的战斗,第一营在进攻时被敌人密集火力封锁,全营进退不得,又传来团长廖新甲牺牲的报告,情况十分危急。师长戴岳和党代表萧劲光身先士卒,都抢着上了惠民门附近的机关枪阵地。

萧劲光用望远镜朝枪声密集的惠民门看去:城头上敌人的火力把一营压制在一片狭长的开阔地带,己方士兵一个个成了活靶子,毫无还手之力。

“得想办法赶紧把一营撤出来!”萧劲光焦急道。

“机关枪,压住敌人!”戴岳吼道。

阵地上的机关枪喷着火舌射向敌人,对面的机枪哑了。

“党代表,十七团不能群龙无首,让二营营长李月峰代理团长,你看怎么样?”戴岳在阵前也没忘记向萧劲光征求意见。在国民革命军条例中明文规定,主官发布命令需党代表附署。

“我同意。”萧劲光简洁干脆回答。

二营担负掩护任务,营长李月峰正憋着一股劲,一营的损失惨重让他更是火冒三丈。听到戴师长传唤他,立刻受命代理十七团团长。

李月峰调集各部火力,压住城上之敌,一营趁敌无还手之力的间隙,终于撤出前沿阵地。

忽然,南昌城内城外火光冲天,一片哭嚎声传来。敌人竟为了便于发挥火力,将城西南一带低矮的大片民房付之一炬。南昌市民的生命财产受到巨大损失,六师官兵目睹敌人暴行,无不义愤填膺。

“师长,让我们也上吧!”刚撤回来的一营官兵见敌人如此歹毒,都拥向戴岳和萧劲光。

“党代表,你不是常说我们是救民于水火的国民革命军吗,现在不正好是跟敌人讨还血债的时候嘛!”

萧劲光向部下喊话,激励士气。全师官兵人人奋勇,尽管伤亡很大,却无人临阵脱逃。无奈敌人南北都大举开进援兵,第二军屯兵城下,背水作战,十分不利。总司令部只得撤离南昌。

二战南昌,又未奏效,也明晰了切断南浔路的重要性。短期休整之后,三战南昌。第二军以五、六两个师协同十四军攻击抚州,切断南、抚之间的联络,以六师渡赣江,参加南浔路的总攻击。六师主要增援第三军,攻击牛行车站。七天七夜的浴血奋战,敌部拼死反扑,几乎将六师包围。萧劲光、戴岳和苏联顾问米柳史始终在前线指挥。幸运的是,炮弹几次在身边开花,但他们都安然无恙。

在冲锋与反冲锋,夺而复失、失而复得的激烈交战后,六师终于占领了牛行车站,南浔路也被友军截断。南昌的敌人孤立无援,见败局无法挽回,便夜晚偷渡赣江,向东北方向逃窜。六师奉命昼夜兼程追击,终于在涂槎追上逃敌。

萧劲光和戴岳在率部追击途中，遇到了赶回师部报告的十八团团长刘风。

“师长，逃跑的敌人让我们追上了。”刘风不无得意地炫耀道：“我派人和郑俊彦接洽了，他们乖乖表示愿意缴械。”

“对逃敌还有什么接洽的，还不赶紧缴械！”戴岳一听就火了。

萧劲光对这个刘风也非常反感。他不仅军事上不大听指挥，政治上也很反动，经常和一些仇视共产党的军官在一起煽风点火，与各级政治工作人员对着干。

“这是打仗，不是儿戏。要是贻误战机，就撤你的职！”

萧劲光的担忧果然应验了。当刘风赶回部队，白崇禧率部队也赶到了涂槎，他硬是以国民革命军总参谋长的名义，抢先下令敌部缴械，一下子将两万余人的枪械大半缴走。这股残敌本来是六师奉命追击的囊中之物，却被白崇禧抢了去，六师一片怨声载道。

“我们弟兄在牛行车站流血玩命的时候，这帮家伙干什么去了？”

“白崇禧真不仁义，凭什么抢我们的头功！”

“白追了一宿，到嘴的肥肉愣是飞了。”

戴岳闻讯大怒，指着刘风鼻子大骂：“你小子贻误军机，老子今天撤你的职！”

刘风方知事态严重，战战兢兢道：“师长，高抬贵手哇，看在我跟随你多年的情分上，给兄弟一条活路吧。”

戴岳正在气头上，根本不想理他。他无奈又向萧劲光求救。

“萧党代表，我参加国民革命军，致力北伐，请你千万为我说句公道话啊。”

从内心里，萧劲光真恨不得把刘风交送军事法庭审判。但他考虑到大局，只得劝谏戴岳：

“师长，眼下战事吃紧，正值用人之际，还是让刘团长戴罪立功吧。”

刘风见有转机，又辩解道：“我不过是个小团长，白崇禧是总参谋长，他要下令让敌人向他缴械，我有什么办法？”

"你他妈个软蛋！打仗打了这么多年，到手的果子让别人摘了，你还有脸在这叫屈?！"戴岳气不打一处来，"白崇禧这个王八蛋做事太绝了，真不知世间还有羞耻二字！"

国民革命军第二军攻克南昌后军官合影

经过一个月的艰苦奋战，11月8日，北伐军终于攻下了南昌城。胜利来之不易，第二军也付出了惨重的代价，入赣以来共伤亡两千余官兵，其中政治工作人员二十余人。可是，第六师既未进城，又没有得到休整，却接到挺进闽北，支援东路军何应钦部的命令。

戴岳心里一万个不痛快："蒋介石太会保存实力了。这种苦差事总让我们干。"

萧劲光也深有同感。北伐一开始，蒋介石就居心叵测，将嫡系部队一部分用于非主攻方向的福建，一部分作为预备队。有利时就把嫡系拉出去，无利时就退避三舍。现在逢福建方向告急，他又瓦解第二军，派六师去增援。萧劲光那时一直不解，同为国民革命军，何以分出三六九等来。

再相逢已是敌手

1927年。宣城。

战事前夕，国民革命军第二军六师的师长戴岳邀请党代表萧劲光湖上泛舟。

“萧党代表对北伐的形势如何看？”戴岳问道。

“形势自然是不错的，但不好盲目乐观。”萧劲光说。

戴岳若有所思地点点头。

“师长，依我看，孙传芳本已是强弩之末，此去南京，攻克他应该不成问题。不过，蒋介石野心勃勃，一意孤行想独裁，让我等甚为忧虑，只怕将来于革命不利。”萧劲光瞧着戴岳的神情又说。

“你我所见略同啊。蒋介石居心不良，恐另有打算。”戴岳心事重重。

前些日子，何应钦部十四军的副军长兼党代表熊式辉，向来策应他的第二军六师传达了“暂时休整待命前进”等指示。熊式辉刚从何应钦处回来，便旁敲侧击问戴岳：

“你们的萧党代表如何？”

“很努力，很合作。”戴岳也实话实说。

“那么，他是CP呢，还是CY？”

“是共产党。”戴岳直截了当说，“喝过洋墨水，在苏联学过军事，很有军事头脑，也很能鼓舞士气，振奋军心。”

熊式辉对戴岳的赞美之言很惊讶，便不再多问，后来就不紧不慢地东拉西扯起来。

戴岳敢肯定，熊式辉已经倒向何应钦，而何应钦公认是蒋介石的嫡系。熊式辉的试探是否意味着“上面”背后将有什么动作。此刻他回想起来，又觉得不能对萧劲光明言。北伐以来，第二军中共产党员的人数他虽然不知道，但通过萧劲光的不懈和坚持，他看到了共产党人的所作所为。他也算戎马半生，像萧劲光这样卓有成效的政治工作，不得不使他暗暗佩服。

萧劲光和戴岳共事两年,虽然在一些问题的看法不同,但合作还是愉快的。但北伐后蒋介石的一系列作为,以及北伐军中派系林立,都显示出矛盾重重。萧劲光也从戴岳这次的欲言又止中隐隐感觉到,革命的前途暗藏危机。

第二军和第六军为江右军,加上一些新收编的地方军阀部队一起,与敌在南京外围展开了激战。但城内敌人有了增援,战争呈胶着状态。六师风雨兼程,于3月19日赶到秣陵关。军党代表李富春亲自赶去迎接,表示慰问,并满怀信心鼓励他们"南京指日可下"。翌日,萧劲光与戴岳一起到一线视察敌情,在牛首山啃下敌人一块硬骨头,接着乘胜追击,攻占了雨花台。南京果然如期拿下。

孙传芳败局已定,上海工人第三次武装起义也获得了成功。英美帝国主义再也不能坐山观虎斗了,他们不再寄希望于日落西山的老军阀,为尽快培植新的御用工具,开始把目标集中在革命军内地位最显赫的蒋介石身上。

占领南京的第二天,萧劲光和戴岳率特务连在城内巡视。下关驻守的士兵报告师部,说是"蒋总司令的兵舰泊在下关岸边"。戴岳赶紧向军部鲁涤平代理军长报告,并与萧劲光二人直奔下关码头。

那是蒋介石的一艘小炮艇,形单影只,随员也不多。萧劲光心中奇怪,"怎么如此突然,毫无消息呢?总司令来南京,为何不上岸?"他与戴岳通报了姓名,上舰晋见。但蒋介石似乎有些尴尬。

"诸位辛苦,请坐吧。"蒋介石一口浙江奉化口音,"南京的秩序还好吧?"

"还好。"戴岳回道,"城内秩序尚安稳。"

"总司令来这里,舟楫劳顿,请上岸休息吧,下官和戴师长已经通知了军部,鲁代军长即刻就到。"萧劲光说。

蒋介石连连摆手:"不必,不必。我只是路过南京,稍事停留就去上海,本不想惊动你们。鲁代军长及诸君,替我代为转告吧。”

既然总司令下了逐客令,萧劲光和戴岳也只好起身告辞。果然,少顷,马达轰鸣,炮艇起锚了。

鲁涤平和张辉瓒、李六如、谭道源、方维夏等第二军师长以上官员都扑了个空。众人皆有些愤然。

“什么?已经走了?”鲁涤平浑身冒汗,“总司令没说什么?”

“总司令说有急事去上海,只是途经这里。”戴岳答。

鲁涤平一干人等都心生不快。北伐以来,谭延闿一直坐镇广东,由鲁涤平代行军长之职。第二军不是嫡系部队,且蒋介石与谭延闿素有嫌隙,鲁涤平代人受累,而蒋介石亲临南京,却连个照面都不打,着实让鲁涤平在部下面前下不来台。

“卖的什么关子!”鲁涤平忍不住愤愤道。

“我们是小妇养的,寄人篱下啊。”张辉瓒也酸溜溜的。这个日本士官一向盛气凌人,在第二军中,自恃资格老,除了军长、副军长,他谁都不放在眼里。

“没给胯下之辱,已经不错了。”又有人添油加醋道。

这桃红柳绿的阳春三月,却让人心头笼上一层乌云。

萧劲光越发感到蒋介石讳莫如深,过去在广州就听说过“中山舰事件”,北伐以来蒋介石的所作所为,更增加了对他的反感。平时跟戴岳、鲁涤平交谈的时候,他们也对蒋颇有微词,军、师一层领导人中就有“蒋介石对二、六军不放心”的说法。蒋介石此次“突袭”南京,无疑是不速之客,萧劲光向李富春作了报告。

“形势越来越复杂了。党中央要我马上回汉口开会,我这就要走。这个情况,我一并向党中央汇报请示。你们在家的同志要多加留心。”李富春嘱咐萧劲光。

他们处在十字路口,他们迫切需要党的指示,可是党却迟迟没有明确的态度。在汉口会议上,以陈独秀为首的党中央正用妥协投降换取蒋介石的合作。

四月初,第二军和程潜的第六军进驻南京已十余天。各种谣言纷传四起，说蒋介石要派一军驻防南京，还说二军不是蒋介石的左股右肱，要被吃掉，扰得人心浮动。

鲁涤平闹中取静，干脆请第二军全体在宁的师以上军官到莫愁湖赏春。萧劲光和戴岳，还有张辉瓒、李六如、朱耀华都去了。席间不免谈到如何反蒋独裁的问题。

“莫愁莫愁，焉能不愁。”鲁涤平说道，“蒋介石过宁不入，明明视我们为异己，二军的前途……唉。”

“军长，我看我们该另谋打算。蒋介石不仁，我们就不义，武汉方面谭主席要我们反蒋，我们也该有所准备。”李六如插话。

“是啊，总司令别有用心。”戴岳发言并大胆建议，“他要一军进南京，分明是要排挤我们，我们如果不行动，便要坐以待毙。军长，六如所言甚是，我们就和六军的兄弟们一起固守南京，与武汉方面联合讨蒋！”

“戴师长言之有理，请军长三思。”朱耀华也附和。

“哦，你们都这么看？”鲁涤平顿了顿，摇头道：“六军孟潜公(程潜)赴汉口，无人主持行动。武汉方面，谭三爷也无命令，我们应当慎重。”

这顿饭吃得还算热闹，席间也有不少插科打诨，但对第二军的前途没有做出任何动议。非蒋嫡系的旧军人开始发愁他们的未来，共产党人当然比他们就更为敏感了。

武汉方面终于指示第二军与第六军守宁反蒋。蒋介石想假手直鲁军消灭第二军，遭到第二军拼死抵抗。军内国共两党虽然各自的出发点不同，在共同讨蒋的问题上达成一致。何应钦部进驻南京，把第六军缴了械，大肆“清党”。南京形势已十分险恶，萧劲光等几个共产党官员险些被抓。他们一路向西，终于在宿松找到奉命休整的六师师部。

在宿松的一个天主教堂，六师召开了讨蒋大会。萧劲光和戴岳均在会上发言，痛斥蒋介石背叛革命，提出了“反对独裁”、“打倒蒋介石”的口号，群情激奋。军部在黄梅还举行了第二军北伐阵亡将士追悼大会。中共中央赠送了挽联:“二军之功名已把吴孙打倒了,吾辈之责任果能擒拿蒋张么?”

7月15日,汪精卫叛变,宁汉合流,国共合作最终破裂。萧劲光接到李富春的密信,指示他马上离开部队到汉口接受新的任务。

萧劲光心里很不好受,六师毕竟是他生活战斗了近两年的地方,有朝夕相处的好同事,还有亲手发展起来的共产党员和青年干部,而今都只得丢掉了。如此两手空空地撤走,简直无异于落荒而逃。

蒋介石叛变革命以后,武汉政府的财源一直困难,军队的薪饷也不能如数照发。萧劲光虽然是堂堂师党代表,却身无分文,真可谓两袖清风。师政治部还有一些公款,但他没有动,为了筹集几个同志的路费,萧劲光狠狠心,托人将他自己的两支马枪卖掉了。

临行前,萧劲光来到戴岳处。

“师长,我要去汉口,军党代表让我去处理些事情。”萧劲光说,“可能这次时间长一点,政治部的工作就请师长费心关照了。”

戴岳没有什么表情。十几年的军旅生涯,政治风云几度变幻,他很敏感,也有经验。武汉方面汪精卫反共的消息他早有所闻,萧劲光此行必与此有关。戴岳与萧劲光合作还好,个人关系也算不错,但两党相争,各为其主,戴岳也不做过多表示。

“好吧,你放心去吧。”戴岳淡淡地只是一句。

萧劲光告辞了。他和戴岳的合作也宣告结束。轰轰烈烈的大革命就这样失败了。但是,他和戴岳的对抗,才刚刚开始。

从1930年冬到1933年夏,蒋介石在江西发动的第一、二、三、四次对中共苏区的“进剿”都失败了,且损兵折将达到三十万以上。“南昌行营”主任鲁涤平先遭罢免,继任的何应钦也因接连的失败,不断遭到蒋介石的训斥,借故去了北平。

5月27日,蒋介石、汪精卫在庐山会面,商讨南北停战问题。翌日,联名通电提出“救国必先剿共”。而何来“剿共”的奇谋妙策?

早在“围剿”江西苏区初期,就曾由原“剿共”右路军总司令鲁涤平根据所属第十二师师长金汉鼎的设想,提出了用中国古已有之的“建碉守卡”的办法进剿苏区的建议，当时参加鲁涤平进剿会议的第四十六师师长戴岳，也有这方面的经验与想法，但并未引起蒋介石的重视。尽管如此，戴岳还是决定先在他的部队驻扎的赣东作一番尝试。他将自己的计划写成题为《对于剿匪清乡的一点贡献》的意见书，呈送给时任南昌行营主任的何应钦。何应钦对此大加赞赏，亲自作序印成小册子。

> 此书乃戴师长岳本其平日剿匪清乡之经验汇集而成，知己知彼，洞中窍要，可作剿匪部队之参考。我党政军各界同志，允宜人手一册，细心研究，应时运用，于剿匪前途，当大有裨益……

序言之后，便是戴岳的意见书。共分五个部分二十八条，核心是强调国军“进剿”红军时，要在战略上取攻势，在战术上取守势。这守势便是“堡垒政策”。戴岳在意见书中写道：

> 凡重要的地点，不能不驻兵，而又无多兵可分派，就选择一个良好的地势，用石头砌成堡垒，使少数兵守之，并督率附近各村组织联村自卫，使良民或反共的民众得到相当的保障，坚决地反共。如此，能使少的兵力保守一方，使红军不能击破，并能以少数的部队，击溃多数的红军，同时亦可阻绝红军的交通和活动，逐渐把苏区缩小……

6月8日，蒋介石在南昌行营召开了赣、粤、闽、湘、鄂五省“剿匪”军事会议。蒋的德国顾问赛克特将军也参加了。会议确定了“战略攻势、战术守势、步步为营、节节推进、碉堡公路、连绵不断、经济封锁、滴水不漏”的策略。对于第四次“剿共”时所采取的“三分军事，七分政治”的政略也继续施行。

之后，蒋介石在庐山，无视国内各界“停止内战，一致对外”的呼吁，振振有词说："共匪不除，国无宁日！只有先安内才能攘外……"

10月2日，蒋介石亲任第五次"围剿"总司令，首先向黎川发动进攻。

中共中央苏区先是黎川失守再是浒湾失利。戴岳向蒋介石举荐的"堡垒政策"，面对共产党内博古、李德等人"御敌于国门之外"的政策，果然奏效了。苏区根据地渐落敌手，工农红军大批伤亡，而在北伐中曾与戴岳并肩作战的萧劲光，竟第一个"罪责难逃"差点成为误军事指挥思想的牺牲品。

1936年，毛泽东在他的名著《中国革命战争的战略问题》一文中，即明文指出：

> 首先在国民党军队中提出在这个问题上有新意见的是国民党的反动将军柳维垣，后来有戴岳。最后他们的意见被蒋介石采纳了。这就是蒋介石庐山军官训练团及其在第五次"围剿"中施行的反动的新军事原则产生的过程。

时光飞奔到新中国成立之初。

1950年7月23日，政务院总理周恩来、最高人民法院院长沈钧儒发布了《关于镇压反革命分子的指示》。国庆前夕，便破获了一起由美国情报机关操纵的特大间谍案。10月10日，中央又发出了《关于纠正镇压反革命活动中的右倾偏向的指示》，打击的重点是土匪（匪首、惯匪）、恶霸、特务、发动党团的骨干分子和反动会道门的头子。

一场全国性的镇压反革命运动轰轰烈烈地开展起来。各地捷报频传，潜伏的国民党敌特分子、残余的国民党军匪和三青团骨干分子纷纷落网。

已是海军司令员的萧劲光回到位于北京西郊的家中，刚在沙发上闭目养神了一会儿，就听到门外一阵喧哗。

"怎么回事？"萧劲光目光投向门厅。

"司令员，门外有人想见你。"警卫参谋报告，"门卫说，他在门外转悠了好半天，门卫见他形迹可疑，就把他扭住了。"

这段时间,军委保卫局通知,为了确保首长安全,一般情况下不要随意接待外人,以防不测。

"胡闹,没弄清身份,怎么能随便扣人?"

"来人自称'戴岳',说是从湖南来的。"警卫参谋继续报告。

"戴岳?"萧劲光将目光投向窗外苍穹,仿佛从迷蒙的岁月中追寻往事,他的耳畔似乎又响起了北伐途中的枪炮声。"时间过得真快,一晃二十多年啦,我和他还当过战友咧。请他进来吧。"

警卫参谋将戴岳领进了门。

"萧……萧司令……"戴岳一声低唤。当年那位年过而立,但领兵打仗总是一马当先的中将师长,如今已成了满头华发的小老头。尽管眉宇间还依稀留存着军人特有的骄气,但眼神中不自觉透露出惊慌。

萧劲光在湖南任职时,曾见过戴岳一面,因军务繁忙,未能细谈。眼下戴岳一副落魄相,一定是有了难处找旧日同僚帮忙的。只是,此一时彼一时,如今的共和国海军司令员,还能一如北伐军中的年轻党代表吗?戴岳心中万分忐忑。

"请坐吧。"萧劲光又嘱咐警卫参谋倒茶。

戴岳落了座,恭敬地接过茶杯,置于茶几上。

"怎么样?家里都还好吧?"萧劲光见戴岳十分拘谨,笑着问他。

戴岳一声长叹。

"我听说,你现在是湖南省的军政委员会委员、参议,也算得上是家乡的父母官了。"萧劲光关切地说。

"不敢当,不敢当,全赖政府栽培。"戴岳诺诺道。

"这次上北京来,一定是有什么事要办吧?"

"眼下,各地都开始镇压反革命运动,我的历史你是知道的,罪名不轻,所以……唉!"戴岳不仅垂着头,声音也更低了。

1933年,五次"围剿"以后,戴岳在国民党军界着实风光过一阵。他一心为主效命，可又不是蒋介石的嫡系，风光过后，不过仍是蒋家王朝的一介小幕僚。1945年日本投降后，戴岳便退出军界，回到湖南长沙，虚托创立地方武装，实则办教育以利民众，当过小学校长、中学董事长。新中国成立后，他当选为湖南省军政委员会委员，算是和旧时供职还有点联系。

萧劲光拿起茶杯递给戴岳。

“你过去为革命做过好事，也对人民做过坏事，是非功过，党和人民自有公断。眼下的镇反运动，主要是针对现行反革命的，你完全可以相信党和政府嘛。”

“那当然，那当然。”戴岳连连点头。

晚上，萧劲光设家宴请戴岳吃饭。萧劲光指着唯一的荤菜———碗红烧肉，说：“这可不是我的待遇，这是专门招待你的呦，我可是沾你的光。”说罢，夹了一块肉到戴岳的碗里，“来，尝尝炊事员的手艺。”

戴岳捧起饭碗，嘴角颤抖，老泪纵横。

“萧司令，我一介罪人，蒙您如此厚待，实在是消受不起啊……”

“看你说的哪里话。”萧劲光见戴岳心事重重，岔开话题，“我还记得，咱们一起给那个苏联顾问米柳史过生日，吃的比这丰盛呢。”

那是1927年2月，国民革命军第二军六师奉命参加杭州会战，和江西过来的四师会合，担任左翼攻打水亭和诸葛镇。那是一场鏖战，炮火昼夜不停。在水亭激战正酣的某天，恰逢苏联顾问米柳什切维奇过生日，师部准备了简单的酒肴为其庆祝。米柳什切维奇很高兴，酒兴一浓多贪了几杯。他还举杯兴高采烈地说：“今天定破敌军！”

众官员也纷纷附和：“米顾问神机妙算，我们定能旗开得胜，马到成功！”

饭后，官兵一起上前线。战斗进行了一天，北伐军如猛虎下山，敌人兵败如山倒，溃不成军。米柳什切维奇忍不住俄国人的幽默，说：“胜利得太快啦，我的酒还没醒呢！”

……

往事如烟。戴岳回想起当年豪情，也开心起来。那顿饭气氛很融洽，也很尽兴。萧劲光还坚持给戴岳一些钱作盘缠和贴补。

送走戴岳的当夜,萧劲光给湖南省委写了一封亲笔信,详细介绍了戴岳的情况,安顿了这个也曾做过好事,并一度误入歧途的老人。

第三章　一言难尽的红五军团

★暴风雨中喜结良缘

★再赴雪国

★大胡子政委

★坚定投诚者的信念

★与子同袍，不辱使命

萧劲光终于走马上任了。他再次成了备受瞩目的焦点。

“嚯！瞧他那威风的大胡子！”有人议论萧劲光浓密的连鬓胡须。

“挺年轻的，听说两次留苏学习，是刘主任的同学呢。”有人议论他的年龄和经历。

“看起来蛮严肃的，估计很厉害……”也有人猜测他的气质。

1938年秋，徐海东(左起)、贺龙、谢觉哉、罗荣桓、萧克、关向应、罗瑞卿、杨尚昆、萧劲光在延安会见美联社记者汉森后合影

暴风雨中喜结良缘

1927年7月初的武汉，正处在暴风雨到来的前夜。这里是武汉国民政府的所在地，一度是革命的中心。江岸码头上，大街两旁，高大建筑物上，随处可见革命的标语。街上不时走过群众的游行队伍，那时不明真相的群众在欢呼北伐军出征河南打败张作霖所取得的胜利，或号召东征讨伐蒋介石的背叛罪行。然而，和武汉闷热的天气一样，萧劲光已经感到了事变到来前的沉闷。

他的心情无比沉重。在汉口李富春的家里，他见到了方维夏、李六如等同志，他们也都先后离开了国民革命军。这些在北伐中并肩征战的战友在一起交谈着，百感交集。大家一致认为，没有自己的军队，没有掌握武装斗争的领导权，是我党的一大失策。同志们亦很着急：蒋汪叛变后，把我党置于非法的地位，城市中已不能公开活动，今后的革命怎么搞？

李富春来往于军委周恩来、聂荣臻那里，不时给同志们带来消息：我党已停止了陈独秀总书记职务，成立了临时中央，并决定将自己掌握的一部分部队组织军事暴动，武装反抗蒋介石、汪精卫的叛变。

在武汉的短暂停留，萧劲光的个人生活却发生了变化。

那还是五月底的一个夜晚，萧劲光到位于汉口昌年里一号的二军军部找李富春同志汇报工作，在那里遇到了朱剑凡。

“您是朱先生！”萧劲光彬彬有礼又带着惊喜。

早在萧劲光在广州时，朱剑凡就在李富春主持的中央政治训练班任教育干事，兼讲帝国主义侵华史。他在长沙时就听说朱剑凡先生毁家兴学、教育救国、创办周南女校的事迹，对这位教育家一直很敬慕。

“哦！萧劲光，六师党代表，久违，久违。”朱剑凡精神矍铄。两人亲切地握手。

李富春一旁介绍说：“剑凡先生在湖南国民党长沙部任职，后遭许克祥的通缉，我们刚刚将他一家接来汉口。这是他长子朱伯深，早在军部的，你认识吧？这是他二儿子朱学伊，还有一个女公子朱仲芷……”

萧劲光这才注意到，在隔壁房间里，一个姑娘正与蔡畅大姐交谈。听到外边李富春的话，蔡大姐便同她一起走出来。

这是位典型的知识新女性，中等个儿，乌黑短发，温文尔雅，落落大方。

“哦！劲光来了。介绍一下，这是剑凡先生的长女，朱仲芷，金陵女大的毕业生，共产党员，我们的同志。”蔡大姐爽朗地说。

朱仲芷礼貌地向萧劲光轻轻点头，抬眼投去一瞥。

“这就是萧劲光，”蔡大姐又向朱仲芷介绍，“二师最年轻的师党代表，莫斯科东方大学毕业生，很好的同志呦。”

萧劲光不好意思起来。

两人握了手，彼此客气地做了简短的寒暄。这是他们的第一面，这一面朱仲芷就给萧劲光留下了很深的印象。以后，蔡大姐就成了他们的红娘。

萧劲光得知朱仲芷的情况：比他小两岁，从小在父亲办的周南女校上学，中学毕业后考取了美国人在南京办的金陵女子大学，英文水平很高。她1926年11月参加共青团，在长沙湖南省党部任宣传部训练委员，1927年1月转党，在湖南省党校指导科负责训练妇女干部，工作很积极。

朱剑凡看上了萧劲光的人品，很高兴萧劲光做自己的东床快婿。

萧劲光自己对这门亲事也很满意，但他怕自己一厢情愿，而朱仲芷对此并不热心。朱仲芷对萧劲光倒没有什么不满，但是，革命时期的知识新女性，进步青年，都想成就一番事业，还不想找人结婚。尽管上有父命，还有蔡大姐美言，她还是没有应允。

接着，就是征战鄂西。萧劲光走了……

这次回奔汉口，萧劲光也是执著于向李富春同志打探革命动态。在某次汇报工作完毕后，李富春邀请萧劲光：“住两天吧，看看朱仲芷嘛。”

萧劲光不好意思地笑了。

"看你,还害起臊来了!"李富春笑道,"仲芷这两天跟你蔡大姐住一起,不时说起你们的事,这回可要靠你自己努力了。"

萧劲光赶紧整理下自己的外衣,去见蔡畅。蔡大姐一如既往地热情。

"劲光住两天再走,和仲芷出去玩玩,交流交流。"蔡大姐像知心大姐一样体贴,"仲芷是个不错的姑娘,有文化,工作积极热情,你尽管大胆邀请人家。"

萧劲光会意地点点头,面颊不觉有些发热。当晚,他住进了军部。第二天,他邀请朱仲芷外出游玩,果然,朱仲芷没有拒绝。

汉口原日本租界地内有一座山乙公园,公园里有一条美丽的林荫道。北伐以来,帝国主义威风扫地,公园重新回到中国人民手中。

大革命时期的青年恋爱择偶有着特定的革命内容,超出了以往一切传统的方式——用考察对方对革命的理解和忠诚来确定是否能做志同道合的终身伴侣。现在,萧劲光和朱仲芷就漫步在山乙公园内的林荫道上,朱仲芷是主考官,萧劲光是被考的学生。

"革命苦吗?"朱仲芷摆弄手中一枝茉莉,有意无意地问。

"苦是苦得很,"萧劲光实实在在地说,"可问题是,不革命也要受苦,与其受压迫奴役之苦,不如为自由解放去吃苦,得其所哉!"萧劲光阐发的是切身体会。

"那,你说革命能成功吗?"朱仲芷又问。

"一定会成功的!"萧劲光斩钉截铁,"苏联无产阶级革命不是已经成功了吗?在那个伟大的国度,没有剥削,没有压迫,工人、农民、士兵和领袖过着一样的生活,那才是最美好的社会。"

萧劲光兴致勃勃打开了话匣子,把在苏联的见闻讲给朱仲芷听。革命青年的雄心壮志溢于言表,而且很有见地,很有理论。姑娘感到很满意,她的心被深深打动,她感到萧劲光确实如蔡畅大姐所说,"是一个很好的党员"。他们有共同的理想,共同的献身精神。

那天上午,萧劲光和朱仲芷谈得很投机,遂正式确定了恋爱关系。

在汉口再见朱仲芷,萧劲光和朱仲芷决定结婚。尽管革命处于危机,但他们对革命的忠诚促使了爱情的升华,他们要结成伴侣献身革命,患难与共。萧劲光送给朱仲芷一条镀金项链，项链有一个鸡心形的坠饰，内镶萧劲光的一张小照。他没有更多的钱买纯金的。礼物虽不昂贵，但他的心真金不换。

“像这条项链一样紧紧连在一起”，这是朱仲芷握着定情信物所感受到的。谁说军人不懂浪漫，眼前这个威武的年轻将军体现出了何等细腻的心思。

1927年7月，经蔡畅介绍，萧劲光在武汉与朱仲芷结婚

萧劲光是个军人，四海为家，朱仲芷落难到汉口，两人都一无所有。但革命的大家庭给了他们无限的温暖。婚礼在帅孟奇大姐家的楼上举行，新郎仍一身戎装，新娘则是白衣黑裙，除了那条项链，没有任何装饰。他们经济上拮据，但精神上是富翁。

许之桢、帅孟奇夫妇十分热情，他们腾出房子给萧劲光和朱仲芷做新房，还亲手做了一桌丰盛的饭菜，为新人贺喜。李富春、蔡畅夫妇和邓颖超大姐也来了，他们带来一个大花篮，祝福新人能有美好的生活。

“恩来去临时中央开会，一直没回来，我也是等他等到现在，所以来晚了。”邓大姐歉意地说，“也不用等他了，他开完会也不知是什么时候了。”

新郎很诚恳：“还是再等等吧！”这样的场合，如果周恩来不在场，萧劲光总觉得缺了些什么。

大家喝茶谈天，等周恩来同志。天已近墨，周恩来仍是没有来。

“咱们先吃饭，给恩来留一份。”帅孟奇以主人身份提议。

酒饭半酣，周恩来终于出现在屋门外，他一边上楼，一边抱歉：“来晚了，来晚了——遇到麻烦事，搞晚了。”

新娘斟了一杯红酒，恭敬奉上。

“这杯喜酒是一定要吃喽，”周恩来举杯，带头为萧劲光和朱仲芷的婚姻祝愿，“祝你们幸福美满，白头偕老！”

大家一起举杯，欢声笑语，热闹非常。婚礼简单、朴素，却又那样热烈、诚挚，萧劲光和朱仲芷都终生难忘。

再赴雪国

七月下旬，风声鹤唳。汪精卫磨刀霍霍，要向共产党开刀。党转入地下，革命的同志纷纷疏散出汉口，一大部分人集中于南昌周围准备武装暴动。

萧劲光接到党的通知，要他再次出国学习。于是，他告别了同志们，告别了祖国，也告别了燕尔新婚的妻子。

“怒发冲冠，凭栏处，潇潇雨歇。抬望眼，仰天长啸，壮怀激烈。三十功名尘与土，八千里路云和月……”

萧劲光凭栏站在商船的甲板上，默诵岳飞的《满江红》。冷雨秋风，飞花碎浪，打湿了他的衣裤，他全然没有察觉。他以前一直欣赏岳飞这首词的宏大气魄，崇拜岳飞的耿耿忠心，却第一次对岳武穆的悲怆感同身受。大革命失败了，萧劲光的满腔革命热情被兜头浇了冷水。他的很多好战友、好同志都失散了，整个革命营垒正在重新排列组合……他感到失望，但更多的是激奋；他感到压抑，但更多的是抗争。他不甘心，不相信自己矢志奉献一切的事业就这样轻易地夭折。无论如何，他都要走到底。他没有退路，也不想找退路。他本能地感到，自己的命运已经和中国革命连在了一起。

萧劲光沿着第一次去苏联的路线，在白色恐怖的上海偷偷上了船，在船舱里坐了十几个小时，快到长崎才上了甲板——这是党组织的交代。他怀着破釜沉舟的心情，终于来到十月革命的策源地列宁格勒。富丽堂皇的冬宫让他赞叹不已。它不仅是俄罗斯文化的象征，还记载着俄国无产阶级革命的辉煌业绩。

萧劲光进了托尔马乔夫红军军政学院,这是以在保卫列宁格勒战斗中英勇牺牲的苏联红军政委Н·Г·托尔马乔夫的名字命名的。这是一所培养高级军政指挥人员的正规学校,苏联军队许多高级将领毕业于此。在萧劲光前后,苏联红军的著名将领铁木辛哥、朱可夫都在那里学习过。

1927年9月至1930年夏,萧劲光在苏联列宁格勒托尔马乔夫军政学院学习军事,图为该学院旧址(第二次世界大战后修复改为苏联海军学院)

当时,和萧劲光同班的中国同学有刘明先、刘伯坚、李卓然、傅钟、曾涌泉、伍止戈、李特,等等,少数是从国内来的,大多数都是从莫斯科中山大学转来的。还有一个蒋经国,也是从莫斯科中山大学转到列宁格勒这所军政院校的,来的时候还是共青团员。这些中国学生成立了一个党支部,萧劲光做了第一任党支部书记。蒋经国也是在这个支部加入了中国共产党。

在校期间,中国学员享受苏联红军营级军官的待遇,除了吃饭,只有很少一点零花钱。但他们感到十分满足。萧劲光和李卓然等几个要好的同学,业余时间经常运动锻炼,夏天游泳、打球,冬天滑冰,相处融洽。

在托尔马乔夫,中国学生的党支部一段时间的组织活动,是传达共产国际对中国革命失败的经验教训的有关决议。萧劲光对共产国际决议中提出的关于中国革命策略的三条主要路线极感兴趣。

第一条路线是直截了当地变成孟什维克的路线,就是在一切发展阶段上都毫无保留地与资产阶级建立统一战线,为此要做出任何让步,如制止和反对土地革命,制止工人运动,等等。

第二条路线是托洛茨基"左倾"路线，在原则上根本否定同资产阶级达成协议和结盟的可能性，而不管革命处于什么发展阶段。

第三条路线是列宁主义路线，就是在一定的发展阶段和一定条件下，必须与资产阶级达成协议，但当条件发展变化，阶级力量重新改组的时候，必须中断这种合作，并要同这个盟友作斗争。

这些理论上的总结令萧劲光茅塞顿开。再赴雪国，萧劲光在思想上有两个强烈的对比：

一个是与他第一次到苏联时的苏联国内情况对比，给他印象十分深刻。苏联人民在苏联共产党的领导下，经过新经济政策，仅仅用了三五年时间，就已经摆脱了贫困，战胜了战后的各种困难，迅速医治好战争创伤，经济得到飞速发展，人民安居乐业，一派欣欣向荣的大好形势。这也使萧劲光坚信，尽管中国贫穷落后，只要无产阶级革命成功，共产党掌握政权，同样可以改变祖国的面貌，尽快繁荣富强起来。

另一个是北伐战争的失败与苏联红军的胜利的对比，这使萧劲光清楚看到，中国共产党不掌握兵权，没有自己的军队是不行的。他读过斯大林关于中国革命的论著，当读到"在中国，是武装的革命反对武装的反革命，这是中国革命的特点和优点之一"这一论断时，心情无比激动。武装，武装，中国革命失败之最惨痛的教训，难道不正在于此吗？

早在第一次来苏联时，萧劲光就对军事发生了浓厚兴趣，并在苏联的初级军官学校学习了一年，由于陈独秀的反对，没能完成学业。这次能够如愿以偿，心里当然高兴。特别有了大革命失败的教训，有了不重视军事工作的切肤之痛，他和其他那些被派去学军事的同志，都感到责任在肩，只有如饥似渴地学习，掌握了军事指挥本领，才能不辱使命。

军政学院学习的内容，军事课占四成，政治课占六成。军事理论学习课程有战术学、战役学、指挥学，等等。当时苏联红军的军事科学有了很大的发展，形成了一套比较系统的战略战术原则。既有正规战的战略战术，又有游击战的战略战术。结合学习，学员们还经常进行一些战例解剖，进行沙盘演示，进行比较正规的战术、战役和战斗演习，从进攻到防御，从全局到局部，从战略决策到具体的战斗动作；学习各种战斗条令条例。政治学习则侧重于军队的政治工作,如政工条例、政委条例、军队政治工作制度、工作方法,等等;还有政治经济学、哲学等理论课,读马克思、恩格斯、列宁、斯大林的一些著作。那时,萧劲光等人的俄文水平都有了很大提高,上课不用翻译,直接听教员用俄文教授,并用俄文做笔记。

萧劲光自己不仅对步兵感兴趣, 而且对骑兵也发生了浓厚的兴趣。在托尔马乔夫,他听了著名的骑兵军军长布琼尼的演讲。布琼尼指挥红军骑兵军在顿河粉碎弗兰格尔的军队,击溃邓尼金的部队,在苏联国内战争中所创立的光辉业绩,使萧劲光深深折服。骑兵那纵横驰骋、所向无敌的气势也令他神往。布琼尼的骑兵所创立的以突袭结合强大火力和机动性的新战术、战役法,给萧劲光以启示。萧劲光还登上巡洋舰,观看过苏联海军在波罗的海的军事演习,第一次接触了海军这一军种,他对海军也产生了莫名的兴趣。

萧劲光徜徉在军事海洋里, 眼界越来越宽, 思想产生了一个飞跃——中国也必须有一批自己的军事家,正如斯大林在《中国革命前途》一文中指出的,"应当深入研究军事……以便逐渐前进并在革命军队中担任某些领导职务"。好似在茫茫黑夜中摸索了许久的人突然看到一线光明,萧劲光端正了方向,他有了目标,那就是军事、武装!

萧劲光立志做一个军事家,立志将自己的一生献给无产阶级的军事科学,献给迫切需要这门科学做武器的中国人民的解放事业。

1928年夏天,中国共产党第六次代表大会在莫斯科举行。会后,在托尔马乔夫,萧劲光和同学们听了"六大"新选出的党中央总书记向忠发的讲话。出国近一年了,他们时刻关注国内的情况,也断断续续听到国内的消息,但都不像这次这样具体。听到蒋介石、汪精卫疯狂屠杀共产党人和革命群众,两万六千多人牺牲、六千多人坐牢的消息,他们愤慨至极;听到党的"八七"会议确定了武装起义、建立红军进行武装斗争的方针,确定军事工作的重要地位时,他们备受鼓舞。他们也得知党内又发生了以瞿秋白为代表的"左倾"盲动主义,这次大会停止了这一错误,并明确指出,中国革命的性质仍是资产阶级民主革命,中国革命正处在高潮与低潮之间,要准备革命力量,迎接革命新高潮。

"你们就是党准备革命力量的十分重要的一部分。"向忠发对他们说。

这对萧劲光等人是巨大的激励。他们是大革命失败后党着力培养的一批军事人才。除了他们,还有在莫斯科、基辅、伏龙芝等一些军事院校学习的一批同志。这些人,在三十年代成为中国革命根据地的军事力量。党及时总结了经验教训,派骨干出国学习军事,的确是一个远见卓识的英明决策。萧劲光当然不能预测他们在今后武装斗争的道路上还将会有多少艰难曲折,他们所想的只是:偌大的一个旧中国,将是他们的用武之地。

党的"六大"以后,紧接着的是共产国际第六次代表大会的召开。萧劲光和同志们在托尔马乔夫更加关注这次大会。电波中传来布哈林的开幕词,传来日本著名的革命家片山潜宣读的《告中国工农书》,使萧劲光激动不已。

片山潜宣读的《告中国工农书》这样说道:

> 有一个国家,这个巨大、遥远而富于古老文化的国家,现在浴于工人、农民的血泊之中,这个国家就是中国。……我们成千上万的中国同志,在插竹签、剜眼睛的酷刑折磨之下死亡,在绞刑架上就义,他们高呼着"共产主义胜利万岁!无产阶级的党胜利万岁!"倒下去……大会宣布,它为有中国这支队伍而自豪,为中国共产党空前迅速的发展而自豪,为中国共产党在斗争前列所表现的英雄气概而自豪!……中国的革命斗争经验,已是东方全体劳动人民的共同财富。

萧劲光的心久久不能平静。他感到寰宇回响着一个振聋发聩的声音——"全世界无产者,联合起来!"

中国革命并不孤立,在它身后,是全世界无产阶级整个阶级的力量。

萧劲光对自己的事业充满了信心和力量。

1927年十月革命节，萧劲光接到了朱仲芷从莫斯科发来的电报，匆匆赶到了莫斯科，这对新婚仅十几天就分别的夫妻重逢了。

朱剑凡先生卧病在床，汉口的特务对朱家也有所监视。党组织于是决定派朱仲芷也去苏联学习。

"上海到处是'红头阿三'(印度巡捕)，我们是从深夜由交通员带到吴淞口，坐小船到江心，从绳梯爬上商船，坐低舱的铁板上，一直到长崎，才爬上甲板。"朱仲芷似乎还有些惊魂未定，"上船后，我们几十个人大声唱《国际歌》。一遍又一遍，男男女女都流泪了。"朱仲芷激动得溢出眼泪。

萧劲光安慰妻子："我们也是这样的。"

是的，大革命的失败，给每一个共产党员的心灵上投下了阴影。

"我现在在东方大学英语系学习，现在叫沃巴柯娃。在莫斯科火车站分配名字时，轮到我是'沃巴柯琦夫'，念名单的同志说这个名字是个男同志的名字，便顺手改成'沃巴柯娃'。"朱仲芷眼泪未干，又笑起来。

萧劲光也笑了。他们都开始了新生活，但中国革命没有结束，他们的事业就都没完，他们要继续奋斗。等待他们的并不是一条通衢。

1928年，朱仲芷也来到列宁格勒度暑假，尽管她受着双重煎熬。身体上，强烈的妊娠反应折磨着她；精神上，王明等反托洛茨基派对她进行不公平的审查，非说她是地主出身，并停止了她的组织生活。不过托尔马乔夫的同学们可没有把"沃巴柯娃"视为阶级异己分子。他们热情欢迎了她，邀她一起去列宁格勒郊外避暑消夏。他们散步、游泳、打球，谈理想谈信念，痛快极了。

女儿就在萧劲光和朱仲芷的第二故乡苏维埃的土地上诞生了。萧劲光闻讯赶到莫斯科，坐在经历了难产的妻子身旁，初为人父，萧劲光心里欢喜无比。

每到暑假，萧劲光便将母女俩接到托尔马乔夫，尽享天伦之乐。他心里很明白，这种日子不会很长的，一旦回国，孩子就将留在异国他乡，便不知何时能再见面……

大胡子政委

三年军校生活，萧劲光如虎添翼，他就要回国参加革命斗争了。临行前，他独自漫步校园，静静凝视着学校对面的冬宫，默默向这座英雄的城市告别。

“此一去，或许就永别了……”萧劲光想。

中国革命斗争是残酷的，多少革命战友已为国捐躯。萧劲光也做好了牺牲的准备。为了保证安全，他根据组织决定，忍痛处理掉在托尔马乔夫用的所有教科书，和凝结了三年心血的学习笔记、手抄资料。他化装成一个汽车司机，带着一个梳着发髻的“村妇”朱仲芷，和扮成她妹妹的另一个女同志周砥，一同回到了上海。

那正是白色恐怖最严重的时期。由于叛徒顾顺章的出卖，上海地下党组织遭到很大破坏，党中央也处于极度的危险之中。他们找到朱剑凡开的小酒店——我党的秘密接头地点，和组织接上了关系。组织原来是派萧劲光去湘赣根据地的，但他走到长沙，接头人叛变，没有接上关系。于是，这次改派他和李卓然一起走水路去闽西根据地。离开上海的时候，军委书记周恩来将一方白手帕交给了李卓然，上面是用密写药水写的介绍信。

1930年秋。香港街头，警察扣住了两个长衫行人。这两人就是萧劲光和李卓然。萧劲光身材高大，扮作贩卖大米的商人，李卓然清癯颀长，扮成个教书匠。

两人到了香港，住进一家不起眼的旅馆，和交通员接上头，等待安排去闽西。百无聊赖，两人上街闲逛。萧劲光之前在旧书摊上看到有卖一本波格丹诺夫的《政治经济学》，正是他在苏联学过的教科书，便买了下来。他还想着，苏区快到来了，以后工作总能用得上。谁知没过多久便让警察给扣住。

李卓然不动声色挨到萧劲光身边，伸手将这本书拿去，夹在腋下。萧劲光是个“商人”，拿着“波格丹诺夫”显然不协调。

警察粗声恶气地一边喊叫，一边搜萧劲光的身，一件普通长衫从上翻到下。

李卓然则不慌不忙掏出那封密写介绍信的白手帕，用来狠狠地擤了一下鼻涕，又放回口袋。检查时，这块沾满黄鼻涕的手帕自然被丢到一边。萧劲光和李卓然的证件、护照、名片俱全，没有一丝破绽，他俩终于脱险。

“卓然临危不惧，处变不惊，颇有大将风度。这两件事他处理得太得体，太冷静了。”以后每每提及此事，萧劲光总是对他的老战友赞不绝口。

为了党的事业，此时，萧劲光又是孑然一身了。

他的女儿留在了莫斯科郊外的保育院里。女儿已有一岁半，会喊“爸爸”、“妈妈”，会憨态可掬地在父母膝下踉跄着跑跳……但是，萧劲光夫妇跟那个时代的老一辈无产阶级革命家一样，不得不对亲子之情忍痛割爱，毅然奔赴革命。他们的这个可爱的大女儿从此杳无音信。以后数次，萧劲光托人寻找，1950年到苏联时又特地去打听，但是由于第二次世界大战的战乱和时间久远，孩子早已下落不明。他永远地失去了这个女儿……

1930年底，萧劲光来到闽西根据地，又称闽粤赣根据地，担任的第一个职务是闽粤赣军区参谋长。这是他首次放开手脚的用武之地。

萧劲光下车伊始，对根据地的情况一知半解。他的所见所闻告诉他，根据地还处在艰苦的创业时期。他对工作的艰巨性有所估计，但估计的还是太不足了，部队的状况远比想象的还差。号称红二十一军的闽西主力红军仅有两个团，其实两个团也不足，仅千余人，几百条老套筒枪和土枪，子弹奇缺。干部、战士大多是目不识丁的贫苦农民，情绪也不那么乐观。然而，萧劲光却毫不悲观。

“有苗不愁长。”他想。

萧劲光一头扎进部队，整天和战士摸爬滚打在一起。到底是科班出身，他抓部队的素质的提高有板有眼，还亲自担任了彭杨步校校长，亲任教员，为部队培养骨干。他设置的训练课目，从射击开始，到攻防战术，由简至繁，循序渐进，同时又很具系统性。部队担负着繁重的战斗任务，萧劲光在指挥对敌作战中知己知彼，摸索经验。他很快将战斗和训练结合在一起，使闽西部队面貌焕然一新。

1932年12月14日，中央根据地发生了一起震惊全国的大兵变：驻宁都的国民党二十六路军一万七千人起义参加了红军。这支起义部队改编为红军第五军团。四天后，萧劲光被任命为红五军团的政治委员。

中央根据地现有一、三两个军团，分别由林彪、罗荣桓和彭德怀、滕代远统率。萧劲光对自己被委以重任感到有些意外。他觉得，从对这支部队的熟悉情况看，他的老同学刘伯坚同志是更加合适的人选。

二十六路军前身是冯玉祥的西北军，刘伯坚在大革命时期就曾在西北军中作政治工作，很受冯玉祥器重，在西北军中威望很高。老一点的官兵都认识他。而且，在宁都起义策动的过程中，刘伯坚的作用举足轻重，起义当天，他就进入部队了。这次，他出任红五军团的政治部主任。

"党决定派一批有相当学历、有改造旧军队经验的同志去红五军团工作。"总政治部主任王稼祥和萧劲光谈话说，"李富春同志大力推荐你，组织上考虑到你两次在苏联学习过，北伐时又在二军六师做过党代表。所以，劲光，这个政委非你莫属啊。"

一切服从党的需要，这是那个时代共产党员自觉的准绳。对于才刚刚习武热身，又将从文的萧劲光来说，多少还有点儿遗憾。闽西一年，他打仗摸出了一点门道，正是上瘾之时。参加第一次苏维埃全国代表大会时，他被留在瑞金，当了中央军事政治学校的第一任校长。他对这个工作极为热情，摩拳擦掌，努力办一个像模像样的军校，为红军培养一批军政人才。工作刚开始一个月，他又接到易职的命令，真有些意犹未尽，恋恋不舍。

萧劲光分析了红五军团的情况，感到任务不轻，很是棘手。他想找毛泽东同志谈一谈。毛泽东可谓萧劲光走上革命道路的领路人，萧劲光十分崇敬和佩服，特别希望接受他的指点。

毛泽东当时担任中华苏维埃中央人民政府主席，住在沙洲坝一幢两层的旧楼上。赣南会议之后，毛泽东受到王明“左倾”教条主义的攻击，被解除了党内、军内职务，身体不好，处境不利。萧劲光的到来，让毛泽东很高兴，他招呼萧劲光坐下。

萧劲光开门见山论及正题：“毛主席，军委决定要我去红五军团工作了。”

“听说了，富春同志推荐你，我也很赞成。”毛泽东笑容可掬。

“可我感到担子很重呐。对于冯玉祥的旧部，我不怎么熟悉。还请主席指点，如何教育改造旧军队。”萧劲光态度十分诚挚。

“嗯，这的确是一桩艰巨的工作。根据地缺人缺枪，这一万七千多人，改造好了，是一支了不起的力量，对敌人也会产生巨大影响。但是啊，要弄得不好嘛，也很麻烦。怎么办呐？我看，关键是要按照古田会议决议的精神去做，加强部队的思想政治工作。”毛泽东慢条斯理、循循善诱，指出了工作方向，又深入浅出阐述了古田会议精神。

“现在从上至下，还有这样的说法，说这支部队有可能是假起义，到苏区过渡一下，再反水去投靠广东军阀陈济棠。我们的干部中也受到这个说法的影响，几位决定派去工作的干部都很不情愿。”萧劲光又提出一个问题。

“唔。”毛泽东点点头，对这个说法并不感到意外。“我们的干部也要统一思想啊。起义过来是事实嘛，至于以后人家‘红’不‘红’，还要看我们的工作做得怎么样。我们的原则是，来者欢迎，去者欢送，不要草木皆兵，不要弦绷得太紧。”

他们畅谈许久。从毛泽东住处出来，

萧劲光任红五军团政治委员时发给朱德、毛泽东、王稼祥、周恩来的两份电报底稿

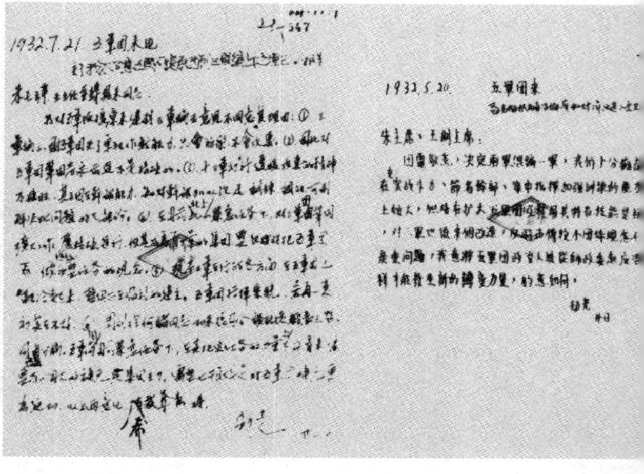
1932.7.21 五军团来电

1932.5.20 五军团来

朱主席、王副主席：

萧劲光觉得自己已信心十足，踌躇满志。

“来的政治委员们都是些什么人啊？”

“他们一来，不晓得要把我们怎么样……”

……

红五军团的一万七千余人对起义后的结局一无所知，都察言观色，翘首以待。

黄中岳新任红五军团十五军军长，按捺不住来找政治部主任刘伯坚。他曾是原七十四旅的一个团长，与七十四旅旅长、现任红五军团总指挥的季振同是莫逆之交。

“刘主任，怎么新任的政委不是您呢？”

“哦，是萧劲光来当政治委员，他蛮好的。”刘伯坚先给黄中岳吃一颗定心丸。

刚才季振同也向刘伯坚表示过纳闷了。他们希望刘伯坚能给他们当政治部主任，但更期望刘伯坚能就任政治委员。因为他们乍来红军，一时不知从何做起。刘伯坚是“自己人”，熟门熟路，信得过。换了别人，他们这些旧军官不禁有些惶惑。

“萧劲光他是我两次留苏的同学，军事学得比我好。参加过北伐，当过师党代表，那时他才二十二岁呢……”刘伯坚不惜溢美之词，他要让上级军官们先了解新政委，就必须树立新政委的威信和能力。

萧劲光终于走马上任了。他再次成了备受瞩目的焦点。

“嚯！瞧他那威风的大胡子！”有人议论萧劲光浓密的连鬓胡须。

“挺年轻的，听说两次留苏学习，是刘主任的同学呢。”有人议论他的年龄和经历。

“看起来蛮严肃的，估计很厉害……”也有人猜测他的气质。

萧劲光在全军将士面前发表“就职演说”：“同志们——我这样称呼大家，因为我们是名副其实的同志了！党派我来和大家一起工作，我希望大家齐心协力，把红五军团建成铁的红军！有的同志初来乍到，可能很多地方不习惯，不要紧，大家很快都会习惯的。我们红军中讲求民主，大家有什么疑问，有什么心里话，尽管提。我们要是解决不了，还可以上报中央……”

一番话,红五军团一万七千余人的紧张心情松弛了一半。

坚定投诚者的信念

萧劲光有了一个良好的起点。

先是颇有些江湖义气的总指挥季振同找到他，握着他的手热烈欢迎,很有些“你敬我一尺,我敬你一丈”的意思。

赵博生是起义的策动者之一,起义前就是共产党员。他在原二十六路军任参谋长,现在是红五军团的参谋长兼十四军军长。他也主动登门,自谦说:“我是个旧军人,虽然入了党,但没有受过党的组织训练,希望党多多帮助我。”

萧劲光和刘伯坚热情地说:“我们都是共产党员,我们相互帮助。”

他们推心置腹交谈,一起分析部队的形势。不久,他们发展原二十六路军七十三旅旅长、此时担任军团副总指挥兼十三军军长的董振堂入了党。董振堂在官兵中享有很高声望,是个真正的正人君子,他受到极大激励,向萧劲光表示,要把自己的一切都交给党。他还表示,他有一些个人储蓄,也执意拿出来交给党,以示彻底革命。

这样,经萧劲光和刘伯坚努力工作,红五军团建立起了一个团结战斗的领导核心。

起义将领们的确不是乌合之众。他们中许多人受过正规军校培养,有十几年的军旅生活,文化水平较高,作战经验也很丰富。萧劲光知道,要在这里扎下根当好二号主官,让他们心服口服,可不是件容易的事。

一天,刘伯坚来找忙得不可开交的萧劲光,说:“军官们提出,政治课老讲打倒帝国主义,可什么是帝国主义,他们不清楚,要请你讲讲。”

“哦,这个问题你说说就行了。”萧劲光最初并没在意。

“那可不行，大家表示就是要听政委讲的。”

萧劲光抬头和刘伯坚目光一碰，立刻会意了刘伯坚的弦外之音。

“那好，在其位谋其政嘛。请大家来听吧。”

那堂课设在一座祠堂里，来听讲的人也真不少，偌大的祠堂挤得满满当当。萧劲光做了认真的准备，他以列宁的《帝国主义是资本主义的最高阶段》一文为依据，这本书他在苏联阅读多次，回国后手头虽然无书，但凭着清晰的记忆，从帝国主义的五大特征，讲到它的垄断性、寄生性、腐朽性，从帝国主义的本质讲到它是无产阶级革命前夜，以及它必定要灭亡的规律，条屡清晰，富于哲理。文化水平高的军官听得明白透彻，十分解渴；文化水平低的官兵感到政委满腹经纶，佩服得五体投地。

经过一段艰苦细致的政治工作，部队基本稳定了，各项工作顺利展开。

而与此同时，蒋介石、孙连仲也在用各种方式对红五军团进行策反，多次派飞机在驻地上空散发传单，还秘密写信，派人到军团策动高层军官反水……

1932年初，红五军团对敌人的策反宣传做了明确答复：

……我(们)有眼看见，有耳听见，有脑子可以明白：红军是工农的武装力量，红军中官兵一律平等，与军阀军队专替某一人打仗，还要受很利(厉)害的压迫完全不同。……我(们)看见贫苦工农都真正得到了解放，工人增加了工资，实行八小时工作制，农民分了田地，都有衣穿，有饭吃，与充满了饥荒灾祸杀戮的国民党统治下的白色区域完全不同；我(们)看见许多共产党员革命的无限忠实，吃苦，耐劳和勇敢，与借军阀赚钱做官的国民党员完全不同；我们又看见了苏维埃中央政府和各地苏维埃的负责人都是(为)工农办事，都很勤苦努力，真正能代表劳苦群众的利益，与南京国民党政府及各县政府的主席委员都是军阀官僚机构，只知剥削压迫人民，不替人民做一点好事，完全不同。……所有这一切不同的情形，使我们感觉到当兵多年，到如今才真正找得到出路……

萧劲光后来在回忆录中认为，这段文字很能反映红五军团绝大多数起义官兵的心声。

做人的思想工作可是门艺术，一点儿不比打仗容易，或者说，那是另一种意义上的战斗，同样需要韬略。萧劲光天天“泡”在部队中，同起义的团以上干部谈心交友，用他的赤诚之心、知识和能力去赢得全军团官兵的心。他的工作重点，正是红五军团的总指挥季振同。

季振同在这支起义部队中有举足轻重的影响。他是河北沧州人，时年三十岁。这个出生于大地主家庭的少爷，生得五官端正，气宇轩昂，颇有绿林好汉的做派。在旧部队时，有一个警卫班，七八个人专门为他服务。他虽然不是军校科班出身，但聪明能干，勇敢过人，深得冯玉祥将军的厚爱，做过冯玉祥的贴身手枪旅旅长。他统率起义前的七十四旅，正是二十六路军装备精良的主力。由于他改弦更张，使全军起义获得成功，可谓是宁都起义的有功之臣。但他又不同于董振堂、赵博生诸将。他是一个典型的旧式军人，传统的忠勇意识尤为浓厚，在帮派势力、哥们儿义气充斥的旧军队，他的一举一动影响着一批人。萧劲光深感做好季振同的工作，对教育改造这支部队的重要性。

季振同的心情也颇为复杂。二十六路军起义成功，共产党鉴于他的功绩和实力，任命他为红五军团总指挥。可他自知出身豪门，又是个老派军人，与共产党强调的劳苦大众成分大相径庭，更何况来了一批政治委员，个个都是中央军委指派的人物，他不能不存有戒心。因此，事无巨细他都推给萧劲光和刘伯坚，不敢放开手脚，生怕被揪住把柄。

“萧政治委员，我不懂红军的规矩，不懂共产主义的道理，不会讲话，又不懂红军的战术……恐怕，没法儿带兵打仗。”一天，季振同找到萧劲光，忧心忡忡地说。

萧劲光在北伐军中与戴岳合作时，深知国民党将领的特点，他笑着开导："季总指挥，你说这话可就见外了。谁不知道冯玉祥的部队素以治军严明、作战勇猛著称，要说战略战术，西北军在战场上的不少绝招很是值得红军学习呢。"

"你真这么看？"季振同心里宽慰不少。

"当然。不过，你看也看出来了，红军打仗有些特点与同国民党军队不同。这样吧，我们来个君子协定，红军的一套战术思想我包教你；你们那些管用的擒拿格斗，也包教我，如何啊？"

"没说的！"季振同兴奋得一拍桌子，"一言为定。"

那次萧劲光讲授完"帝国主义"，在回军团部的路上，季振同便不无感佩地问萧劲光："萧政治委员，你有这么多的学问，这么好的口才，怪不得人家说你文韬武略，果真名不虚传呐！"

"总指挥过奖了。我不过是向苏联偷师罢了。真正的学问，都是写这本书的列宁导师。"

"苏联……列宁……"季振同充满着无限向往。他从身边这位二十八岁的政治委员身上，领略到来自无产阶级故乡的一种力量。"有朝一日，我也能去苏联学习一下该多好……"

经过一段时间的接触，萧劲光感到季振同为人活泼开朗，爱好文艺，喜欢跳舞演戏，闲来还哼两句西皮二黄，或是河北梆子、河南豫剧。一天，萧劲光便向季振同建议："我们演一出戏吧，演演活的帝国主义和军阀。"

"那好啊！"季振同一拍大腿，来了兴致，"你找来剧本，我就演。"

"剧本没问题。你要演，我也舍命陪君子。"萧劲光一锤定音。

红五军团总指挥和政治委员要同台献艺的消息不胫而走，传到了毛泽东耳朵里。他也蛮有兴趣，特意派夫人贺子珍来捧场。贺子珍也是个爽快人，一见面就抢了个重要角色。

开演那天，五军团像老百姓赶大集。萧劲光演个帝国主义分子。他满脸的大胡子，不用化妆就很像。季振同演个军阀，贺子珍则演个英勇不屈的共产党员。这"帝国主义"和"军阀"在台上一唱一和，引得全军团上下人人捧腹大笑。而对帝国主义的鞭挞，对反动军阀的控诉，则寓于笑声中。

从这以后，当两位军团领导单独相处时，季振同便喊萧劲光“帝国主义”，萧劲光也回敬季振同“军阀”。而且，“帝国主义”对“军阀”的关怀是无微不至的。起义将领大多是北方人，看到南方的红米饭南瓜汤就没胃口。萧劲光便请示中央，想方设法多调拨部队一些面粉。他知道季振同特别爱吃馅饼，便特殊关照。而每当小伙房馅饼飘香之时，季振同就招呼萧劲光：“‘帝国主义’，来呀，今天‘军阀’请客！”

萧劲光小季振同两岁，很是尊重后者，注意在全军团树立他的威信，并经常有意与他谈些自己的革命经历，谈国民革命、北伐战争，和季振同一起寻找革命的共同点。季振同内心深受震撼和感召。不久，季振同便向萧劲光提出了入党的要求。

萧劲光既为季振同有如此的进步而高兴，又为他提出的要求深感为难。从一个共产党员的标准来衡量，季振同确实还有不小的差距。可回绝了他，像他那样的火爆性子，能正确看待吗？如果季振同因此情绪一落千丈，或者拂袖而去，对刚刚开始改造的部队来说，无疑是不利的。萧劲光思忖再三，干脆亲赴中央革命军事委员会，郑重汇报了季振同的要求，并从稳定起义官兵思想情绪这个大局考虑，建议上级组织考虑季振同的入党申请。

中革军委的考虑与萧劲光是一致的，朱德、周恩来、毛泽东分别找季振同谈了话。

季振同从中革军委回到军团部的当夜，激动地拉着萧劲光掏心掏肺。

“毛主席真是博学多才，简直是诸葛亮嘛！……朱总司令竟那样宽厚纯朴，一个统率千军万马的总司令，倒有点儿像老农民。……周副主席那么精明强干，处处完美，红军中果然人才济济！我走这条路没错！”

季振同入党了，由朱德和周恩来做介绍人，当上了一名“特殊党员”。

那时节，国民党军对红五军团的策反工作持续进行，敌机散布的传单在官兵中流传，到处都在议论蒋介石要派重兵“围剿”，谁要是带兵反水投奔蒋介石便能官升三级……

一月中旬以来，不断有军官和士兵开小差，一月下旬，十四军工兵连八十多人集体反水，尚未完全稳定下来的部队又开始更剧烈的波动。而季振同，更是重点“攻陷”对象，国民党方面屡屡派人秘密游说，甚至让冯玉祥的旧部高参、跟季振同私交不错的刘骥同他接头联络。这些，季振同都老老实实汇报给萧劲光，并表态：“我绝不会再回去了。现在我是共产党员，这小二百斤就交给了党。如果见了刘骥，我也只和他谈这些。”

萧劲光的心血没有白费。他信得过季振同，并向中央报告了刘骥一事。中央很快回电，同意了萧劲光的意见，认为对季振同给予信任，因势利导比硬性阻挠而产生对立，效果要好得多。

果然，季振同按照组织安排见了刘骥，回来便把谈话内容说给萧劲光，还一个劲地感谢组织对他如此信任……

1932年2月中旬，刚刚改编完的红五军团接到中革军委命令，向赣州进发，增援在赣州城下与敌人已相持二十多天的红三军团。这是红五军团组建以来参加的第一次战斗。红十五军进至储潭、大湖口一线，其余部队进至里镇、赣县一带，在赣州外围阻击罗卓英及陈诚、公秉藩部增援之敌。此时，坚守赣州城的敌部，见红军攻城部队经过近一个月的浴血奋战，连续几次爆破均未成功，伤亡大且战士困乏，又自恃援兵已至，立刻倾巢出击，一下子包围了红三军团在城下挖地道的一个师，情况十分危急。中革军委急调红五军团回师赣州，官兵们手持大刀冲向敌阵，与敌短兵相接，展开肉搏。终于击退了出城之敌，解救了被包围的部队。

赣州战役历时数月，久攻不克，最后不得不于3月7日撤围。此役之败，主要原因归咎于王明“左倾”冒险主义排斥毛泽东的正确主张。但红五军团首战败北，对季振同无疑是个沉重打击。

没多久，季振同面色阴沉找到萧劲光。

“萧政治委员，请你向中央请示一下，我想离开红五军团，去苏联学习。”

在当时的红军队伍中，能去苏联学习是每个人的期望，并不过分。但红五军团刚改编完毕，虽然出师不利，但此时易帅，显然不利于稳定军心。萧劲光着实吃了一惊。但他也只能推心置腹。

“季总指挥,你一定要慎重考虑啊。我的意见,眼下还是留下来比较好。”

季振同也明白萧劲光的顾虑,大手一挥:“请你放心,我不会再回到蒋介石那里去,我已经带着部队起义了,做了红军的总指挥,还是党员了,回去肯定杀头的。我不会把头送给他们杀。我也不会回冯玉祥那里去。我就是想去苏联学习军事。”

该说的都说了,萧劲光尊重季振同的个人选择,发电报请示上级。党中央很快回电,同意季振同赴苏学习。对他提出的“给一点黄金做路费”的要求,也同意了。

季振同走的那天,萧劲光在军团部专门开了个欢送会,与会的各军、师将领个个神情肃穆,气氛甚为压抑。会后,季振同把望远镜留给了萧劲光,那匹他最钟爱的战马也留下了,枪也交了,警卫班也留了下来,只带了一名警卫员上路。萧劲光哪里知道,这一别竟是永诀……

1932年5月,漳州战役刚结束,中央保卫局以密谋反水为由,先是在漳州将十五军军长黄中岳逮捕,后又将等待出国的季振同逮捕。六月,季振同与黄中岳被公审,原判死刑,经中央执行委员会研究,改为十年徒刑。当时,萧劲光正率领红五军团在前线作战。

1934年,第五次反“围剿”失败后,红军长征前,季振同和黄中岳被草率地处决了。

四十八年后的1982年,中共中央组织部复审季、黄一案,萧劲光毅然作证,提供了重要证据。中央遂对季振同、黄中岳给以公正评价,并予以平反。

英魂得以昭雪。萧劲光感到莫大欣慰。

与子同袍，不辱使命

那还是在一月下旬，部队开始有一部分军官携枪逃跑。更要命的是，党内的“左倾”思想也给部队改造带来了政策上的偏差。有的部队过分强调阶级成分，将一些可以通过教育留用的军官划到反动一拨，强行遣送走了；有的连队还发动士兵控诉军官的罪状，揭发他们在起义前做过的坏事，加剧了一些军官的对立情绪。

对于这些层出不穷的问题，萧劲光心急如焚。

一月底，萧劲光、季振同、黄中岳被中央叫去谈话。军团部和十五军所在的九堡村顿时谣言四起。

“季振同、黄中岳已被中央扣留了，下一步就轮到师长、团长。”

“对想走的官兵将以逃兵论处，实行武力解决。”

“中央已批准红四军来缴十五军的枪，已经在山上埋伏下了。”

……

一时间，军营内风声鹤唳、剑拔弩张，给官兵本已不平静的心又增添了几分混乱。

当季振同和萧劲光快马加鞭赶回九堡村，只见军团部门前，十几名连以上军官已打好背包坐在树下。

“怎么回事?! ”季振同吼道。

“总指挥，你可回来了。我们在这里就等你一句话。我们都要走，反正这里也待不下去了。”

“我们来这吃苦受累，可人家还把咱们当外人……老子不干了！”

人群中叫骂声不绝，也有少数人低头闷不做声。

萧劲光上前和颜悦色地劝说：“同志们，大家都是红军了，应该有个组织纪律，有什么问题可以提出来解决。围在这里也不是个办法，还是先回去吧。”

没有人回应，也没人动弹，一副不达目的不罢休的架势。

季振同正欲发作，萧劲光一把将他按住：“这样吧，我们马上开会研究一下解决办法。”

季振同点头支持。

参加会议的有萧劲光、季振同、黄中岳、左权、高自立、苏进，等等。屋里开着会，屋外那些要求走的军官仍席地而坐，等待结论。

会议在紧张的气氛中进行。萧劲光最初没有发言。他也清楚，十五军中一个工农出身的指导员在部队里进行“红军和白军有什么不同”的活动，发动士兵控诉对他们压迫过的军官，引起了军官的不满。但这只是导火索，问题的关键不在于此。

“萧政治委员，有人说红军要兵不要官，我们这些人迟早要被清理掉，这是怎么回事？与其这样，不如早走了干脆！”

“我听说红四来缴我们的枪，那我们还等什么？自动离开算了……”

“什么乱七八糟的！”季振同对现状也很不满，“萧政治委员，我们可是拎着脑袋带部队起义的，现在事情闹到这个地步，你给大家说说清楚，不然，这事没法处理。”

萧劲光被反将一军。他觉得一定要慎重慎重再慎重。

“大家都要冷静，这里面肯定有误会。也有人故意散播谣言，挑起事端。我们不能凭一时之气，做出亲者痛、仇者快的事来。”他示意大家少安毋躁，暂时休会，他立刻去中央请示。

萧劲光策马一口气跑了三十里地，先到总政治部，又到中央局和中革军委，把红五军团的问题原原本本作了汇报。没想到的是，有的领导见风就是雨，认定红五军团一些上层军官要带兵反水，主张马上调武力解决。

“依我看，采取武力解决的办法是迫不得已的下策，还是等做些工作再看看。”情急下，萧劲光忙提出自己的观点。

他需要有人坚定自己的观点，或者是理性地剖析问题并得出正确的解决办法。他决定还是去找毛泽东。

萧劲光进了毛泽东简单的办公室兼卧室。

毛泽东认真听完萧劲光有关部队发生的问题和中革军委有的领导主张武力解决事端的意见后,反问萧劲光:“你的意见呢?”

“我是不主张内部武力解决,那样只会让事情更糟嘛。”

“对呀,怎么能用武力去解决呢?只能通过教育、改造,争取他们革命,只能用‘剥笋’的方法,而不能简单采取‘割韭菜’的方法,才好解决嘛。”毛泽东用生动的比喻,示意要区分不同性质的矛盾,准确地清除那些反动分子,而不能不分青红皂白一刀切,“你马上回去,对他们说,就说是我毛泽东讲的,宁都暴动参加革命是你们自愿来的,我们表示欢迎,这是一。第二嘛,如果你们认为红军这里不好,愿意回去,我们也欢送。来去自由嘛。”

萧劲光心里豁然开朗。他立即辞行,马不停蹄赶回九堡,重新召集了会议。

果然,当萧劲光把毛泽东的意见在会上一说,季振同便情不自禁叫好:“毛主席的话我拥护,也赞成!大家就按毛主席说的,分头去做部队的工作。一句话,干革命就要干到底!”

在场的其他起义将领见季振同态度坚决,也只有纷纷附和。

季振同走到门口,对等在外边的下级军官们传达了毛泽东的话:“要革命的就留下,一定要回去的,我们欢送。”他回屋拿出自己的一个钱袋丢在桌子上。“没路费的到我这里来领!”

一场暴风雨转而风平浪静。

红五军团转向正常,部队很快整编,上了赣州前线。赣州战役以后,一、三、五军团混编,又得以顺利实现。

在即将奔赴新的战场的誓师大会上,萧劲光又登台表演了。这回,萧政治委员被人揭发“会跳舞”,硬被大家拖上舞台。于是,他只好穿上一双高筒皮靴,自己报幕来个“高加索舞”。他模仿着俄国人的样子,耸着肩膀,打着响指,夸张的舞步,再加上一脸络腮大胡子,还真有几分异国风情。大家看得兴致勃勃,毫不吝惜掌声,巴掌拍个不停。

萧劲光的心情也终于轻松了一下,因为他重新获得了一个和谐而团结的工作环境。

那之后，红五军团在赣州、漳州诸战役中，始终保持了旺盛的革命斗志，发挥了重要作用；1932年7月，著名的水口战役，红五军团与敌人激战三天三夜，击溃了敌人二十个团的反复进攻，全团指战员无一临阵脱逃；在第四、第五次反“围剿”和二万五千里长征中，红五军团南征北战，屡建奇功，原红五军团参谋长兼红十四军军长赵博生在黄狮渡战役中壮烈牺牲；在西路军西渡黄河后，高台一仗，原红五军团副总指挥兼红十三军军长董振堂英勇捐躯，全军指战员浴血奋战，写下了可歌可泣的诗篇。

1937年，毛泽东在延安接见了参加宁都起义的部分同志，与大家合影留念，并挥毫题词：“以宁都起义的精神用于反对日本帝国主义，我们是战无不胜的！”

历史可以作证。

第四章　黎川！黎川！

★第五次反“围剿”

★被判死刑的司令员

★二万五千里，苦中作乐

桌上的电话响了。萧劲光去接电话，那女人却毫不避让。

“请你让一让，我要接电话！”萧劲光压着满肚子火说。

那女人翻翻眼睛，只把坐着的板凳稍微挪了挪。

萧劲光无奈，只能抓起电话，三言两语处理完下面的请示。那女人仍十分忠于职守地坐在电话机旁，盯着萧劲光的举动。

1939年与曹里怀(右)莫文骅(左)在延安

第五次反"围剿"

九月中旬的一天。萧劲光奉总部的命令，顶着似火的骄阳，从东方战线上久攻不下的将乐县外围，赶到了总部所在地泰宁。当他翻身下马的时候，连人带马浑身都湿漉漉的。

"辛苦了，劲光同志。"总政治委员周恩来热情地接待他。

"渴死了。"萧劲光等不及周恩来为他倒茶，直接从水桶里舀了一大搪瓷缸凉水，一饮而尽。

"仗打得怎么样？城能攻下来吧？"

"难说。"萧劲光如实回答，"将乐城三面环水，一面傍山，天然的工事，易守不易攻。六师的师长已经牺牲了，城还是攻不下，代价太大了。"他顿了顿醒悟过来，"要我回来有事吧?！"

"是啊。"周恩来转移了话题，"有敌情通报，敌人的第五次反'围剿'正在加紧部署，周浑元的军队正向我闽赣逼近，黎川一带可能再次成为他们的首要攻击目标。所以，组织让你赶紧回老家，准备迎敌。"

"迎敌？"萧劲光叫了起来，"我哪里有兵啊。我这个闽粤赣军区司令和红七军团政委，就是个光杆司令。十九师调给了三军团，二十师、二十一师也都调到闽北去配合东方军了，连我们地方部队一个五百人的独立团也都调去硝石归前总指挥了。我手里只有一个六七十人的教导队，打仗没有本钱呐！"

他向周恩来要了敌情通报，细细研读。

"……敌人似要展开大规模的'围剿'，我建议，红军主力应及早集结于黎川东北的光泽、资溪一带，避其锋芒，从侧面打击进攻黎川的敌人，并且开展游击战，不要死守黎川城。"

但周恩来苦笑的表情使萧劲光明白了，会议上肯定早已展开讨论，显而易见，类似于他的意见被驳回了。这种粗暴的干预和盲目的决断，他自己也不止一次领教过。

萧劲光回到了闽粤赣军区、省委的所在地黎川。

黎川城内冷冷清清，家家关门闭户，街上没有行人。萧劲光来到省委、省政府机关，里面人去楼空。在去政府供销社的路上，他遇到一个神色慌张的办事员，一打听，才知道省委书记、省政府主席和省委机关早已奉命调走。

他萧劲光可没有诸葛亮那个本事，大开城门高坐抚琴，就能吓退瞻前顾后的司马懿。如果敌人大举进攻，他们面临的将是一场艰苦的抵抗战。

“简直是瞎指挥！”萧劲光愤愤然。

可是，领导既然让他回来，不管多么困难，也要想方设法守住城。

萧劲光赶到教导队，这六七十人是黎川城内唯一的武装力量。他又把零散的地方游击队和民兵都集中起来，也不过三四百人。

敌军的速度之快，来势之猛，萧劲光没有料到，方面军总部也没有想到。五天之后，敌周浑元的三个师由南城、硝石向黎川发起猛攻，国民党对中央苏区的第五次反‘围剿’从这里开始了。9月28日，敌先头部队占领了黎川城外围阵地，另一支部队插断后路，黎川城被铁桶似地包围了。

怎么办？敌我力量悬殊，主力增援远不可及。坚守，很快就会把这点本钱也拼光了。

突围！萧劲光再三权衡，做出判断。

黎川就这样失守了……

黎川失守的战报由闽粤赣军区发往总参谋部之时，正赶上中央主要领导人博古和洛甫（张闻天）为李德这位共产国际的“洋钦差”的光临接风洗尘。

博古匆匆看完战报，交给洛甫。他只能如实对李德说：“黎川失守了。”

“不知部队受损失没有？”洛甫问。

“电报上没讲。只说，是主动撤出。”博古说。

“黎川？黎川在哪里？”初来乍到的李德问伍修权。

“这儿！”伍修权在地图上找到黎川，指给李德，“苏区的东北方向，是闽粤赣军区的防区。”

一进苏区就闻此噩讯，李德感到这真是不祥之兆。

“黎川的位置很重要，可以说是苏维埃共和国的东北大门。我们要御敌于国门之外，怎么能把大门给丢了呢？”他没好气地对博古说。

屋内原来轻松愉快的气氛顿时沉重起来。

博古一脸窘迫。共产国际的顾问刚来，苏区就“上眼药”，太让人难堪了。

“谁是黎川失守的指挥员？”李德追问伍修权。

伍修权答：“是萧劲光同志。他1921年就去过苏联学习，是个老同志。现在是闽粤赣军区的司令员。”

“他还列席过共产国际‘二大’，后来又在列宁格勒的军政院校专门学过军事。”洛甫补充。

李德听了，说：“让总参谋部立即查清报告，黎川是怎么失守的！为什么要撤出？谁的责任？”

“对！查清责任，严办责任人。”博古应声附和。

几天之后，黎川失守的情况基本查明。李德接到报告的同时，国民党的“围剿”大军已在苏区四周全面展开，战争形势极为严峻。他看完报告后当即下令，萧劲光所部红军配合彭德怀指挥的红三军团，迅即收复黎川，以夺回中央苏区的东北大门，坚决将来犯之敌抵御“国门”之外。

此时，萧劲光哪里知道自己已经上了中央领导人的黑名单。他接到命令，立即率部准备策应收复黎川。11月11日，当前总得知敌一个主力师要赶到黎川西北和浒湾时，急令萧劲光率部阻击，待红三军团赶到后，向敌发起总攻。

浒湾激战，敌军在十几架飞机和成群的坦克掩护下，轮番向红七军团阵地发动进攻。萧劲光所部一边苦战，一边等待作为主力的红三军团。不料红三军团军团长彭德怀突患疟疾，临时改由彭雪枫指挥。易帅之后，部队一天一夜才赶到战区，却已痛失良机。敌军已经突破萧劲光部队的防线，部队伤亡七百余人。

李德再闻噩讯，立即找来博古和洛甫，说：

“萧劲光黎川失守，尚未处理。现在老账未算，又添新账，这回是非算不可了。还必须从重处理。”

“是。是。”博古马上表示同意，随即下令总参谋部：再追究萧劲光在浒湾战役失利问题上的责任。

命令发出后，中革军委很快收到了彭德怀发来的电报，说浒湾失利责任不在萧劲光，除了敌情等客观因素外，主要责任应由三军团来负。一身耿骨的彭德怀主动承担了责任。

“彭德怀、萧劲光，还有他们后面的毛泽东，早就纠结在一起，拒不执行共产国际的方针和中央指示，死守他们的游击主义。这回，非整他们一下不可。”博古看着电报，生气地对李德说。

“游击战争的黄金时代，早就成为历史了。对‘右倾’动摇、退却逃跑，特别是违抗命令的人，必须用军法处置。你们现在已经是苏维埃共和国，就应该以国法来治罪判处。”李德说。

洛甫显然不同意他们的意见，辩白道：“毛泽东早已离开军队，当前的战争与他并无直接关系。我认为，对他不该轻举妄动，还是要遵照国际执委会的指示，尽量争取与他团结合作。”

博古却毫不理会洛甫的看法：“这次抗议暂时不动毛泽东，不过萧劲光一贯执行的就是毛泽东的路线，我们碰萧劲光，也就是碰了毛泽东，他势必看出我们的矛头所向。我国有句谚语：‘杀鸡儆猴’，就是要给毛泽东一个警告。这次萧劲光失利，正好给我们提供了机会。”

“我看他们既不是你说的鸡，也不是你想吓的猴子。”洛甫摇头。

李德沉思片刻，突然发问：“不是还有彭德怀？他不是承认了自己该负浒湾失利的责任吗？”

“这个彭德怀就更不是随便就能整得住、吓得了的人。”洛甫道。

“那也不能轻饶了他。我看他和萧劲光一样，不杀杀他们的威风，今后便更没有人听我们的话了。”博古气哼哼地说。

“今年已经处理了罗明和邓、毛、谢、古等一批人，总不能把彭、萧他们再算到罗明路线的账上去吧?! ”洛甫毫不客气。

博古道：“为什么不可以？罗明路线就是反对共产国际路线和中央指示的‘右倾主义’错误路线，毛泽东就是其真正的代表，彭德怀和萧劲光他们，正是代表了红军中的罗明路线！”

“彭德怀同志对中央和军委的指示还是尊重的嘛！”洛甫辩解着。

“那萧劲光呢？从黎川失守到浒湾失利，都是他指挥的，典型的退却逃跑、‘右倾’机会主义，不折不扣的罗明路线！不整他还整谁?! ”博古不依不饶。

于是，蒙在鼓里的萧劲光，先是被戴上“右倾”逃跑主义的帽子，再是被撤职隔离审查，继而听候公审法办。

这一切的“理所当然”，真是残酷命运给他开的玩笑。

被判死刑的司令员

几天前，萧劲光还是闽粤赣军区司令员，红七军团的政治委员，而今天，在建宁红一方面军总部，他是犯了罪的审查对象，就坐在禁闭室的冷板凳上，被隔离审查。天黑了，瑟瑟冷风从门边、墙缝里挤进来，一盏昏黄的油灯被吹得忽明忽暗。这间破旧草房显然抵挡不住闽北的隆冬寒风。

萧劲光手里拿着一张《铁拳报》，是红一方面军的某位领导给他的《红色中华报》的副刊，通栏标题是《反对萧劲光机会主义专号》，下面还有三篇署名文章。萧劲光把这几篇文章读了好几遍。他感到有些说法与事实不符合，甚至有点莫名其妙。痛苦、疑虑、委屈……凡此种种情绪向他袭来，很不是个滋味。

自己究竟犯了什么罪？萧劲光需要好好想一想。

“也许应该再和敌人拼一死战，等主力增援？”

的确，作为一个军人，丢了战地还不如战死。但萧劲光是一个高级指挥员,不是一个鲁莽的战士。他对战斗一幕幕反思,结论还是——自己的决断没有错!

反省是痛苦的,可更痛苦的是反省没有结果。午夜的小山村万籁俱寂。萧劲光想起总部一位领导找他谈话,他则对报纸上罗列的不实之词予以分辩。这位领导却说:“虽然事实有出入,但是党已经决定在军队中开展反对以你为代表的‘右倾’机会主义路线的斗争,以教育全党。你应该服从党的决定。”

如此,还有什么可说?斗争是党的需要,个人要服从组织。萧劲光沉默了。他痛苦、疑虑、委屈,摆在他面前的是一条漫漫长路。

其实,这场从1933年初开始的党内斗争,内幕重重。

当时,作为共产国际领导机构的“第三国际”所在地苏联,俨然成为世界革命的中心,苏共领导人列宁、斯大林也先后成为国际共产主义运动的领袖。按照共产国际章程,各国共产主义政党都是它下属的一个支部,共产国际执委会有权利也有义务领导管辖它的每一个支部。因此,“国际钦差”相继来华,中共领导人也不断赴苏,后来的中共六大,索性让全体代表都出国去莫斯科,由共产国际直接操纵召开大会。到了1931年的六届四中全会,共产国际代表更是飞扬跋扈,强使全会接受其指示,硬将仅仅忠于共产国际执委会,却在党内国内并无影响的王明等人推为中央领导人。1931年秋,王明去莫斯科担任驻共产国际的中共代表团团长时,指定当时才二十四岁的博古在党内“负总责”,代替他执掌中央领导大权。在共产国际派人直接参与并干预中共党内事务的同时,又从苏联不断派来一些军事专家,在革命战争中作为顾问,参与决策和指挥。1933年秋,那位“国际钦差”李德,便以“共产国际执委会派驻中共中央军事顾问”的名义,来到中华苏维埃临时中央政府所地瑞金。

李德和博古等人深深感到,从山沟沟里特别是“枪杆子”里钻出来的毛泽东对他们构成了极大的威胁。尤其不利的是,临时中央领导人博古虽然搞过学生运动和工人运动，更在莫斯科熟读马列原著，却从未带过兵打过仗，军事上更是一窍不通。倒是"山大王"式的土包子毛泽东很会玩枪杆子，打出了苏维埃政权，也为博古为首的党中央打出了一块栖身之地，更在苏区群众，特别是红军部队中取得了相当的发言权。

他们不能容忍已被剥夺军权、赶出军队的毛泽东与他们分庭抗礼。

萧劲光感到度日如年。几个月来，天天在东方战线上、在反敌人"围剿"的战斗中苦熬，他多么想能有个地方，躺下来好好睡一觉，静静地思考些问题。如今，他获得了"休息"的机会，却感到无比煎熬。他怀念战场上的日日夜夜。落在敌人的囚笼里，也好过被自己的同志当成异己。

阴冷的天，哨兵在外边搓着手，来回走动，单调的脚步声令人乏味。

"这是第二次了……"

命运多舛。萧劲光回想起闽西，一个大肚子女人。

那还是1931年，他在闽粤赣军区当参谋长的时候。一天，他从野外训练回来，发现他的办公室电话机旁坐着一个挺着大肚子的女人，自称是"肃反委员会派来的"。

萧劲光不做声了。近些日子，肃反在闽西越搞越厉害，人人自危。半年以来，闽西抓出了第一批社会民主党分子。那时，萧劲光还相信，他们的确是社会民主党，有反必肃嘛。可自那以后，"社会民主党分子"越来越多，从上到下，层层都有。他看不惯肃反委员会主任林一株的为人，飞扬跋扈，说谁是社会民主党，谁就要遭殃。肃反委员会还对抓来的人严刑逼供。萧劲光心中很是不忍，他怀疑，哪来那么多社会民主党？他听到风言风语，说肃反委员会怀疑他是个"托洛茨基派"，他对此只能沉默。

桌上的电话响了。萧劲光去接电话，那女人却毫不避让。

"请你让一让，我要接电话！"萧劲光压着满肚子火说。

那女人翻翻眼睛，只把坐着的板凳稍微挪了挪。

萧劲光无奈，只能抓起电话，三言两语处理完下面的请示。那女人仍十分忠于职守地坐在电话机旁，盯着萧劲光的举动。

萧劲光实在无法忍受。他一个军人，一个在职的军事干部，被一个女人看管，像个什么样子！

"通讯员！"他几乎在吼，那女人终于吓了一跳。

"有！"通讯员应声进来。

"把我的电话挪到外屋去。"

"是！"通讯员把电话机搬到外屋小桌上。那女人竟然搬起板凳，跟着电话挪到外屋，继续守着。

就这样过了几天，省委书记芦德光来军区找萧劲光，进门看到那个女人，好不诧异。

"那女人是干嘛的？"芦德光问。

"咦？我倒要问问你呢！"萧劲光没好气说，"肃反委员会派人来监视我，你们省委会不知道？"

"有这样的事?！我的确不知道。"卢德光认真地说。

萧劲光也无话可说。不久，那个女人又莫名其妙地走了。

闽西肃反，错杀了很多好同志，搞得很多人寒心。幸而，毛泽东同志及时干预，停止了。不然，还不知会发生什么更严重的后果。

萧劲光在回顾，在反思。同时，分外想念他的爱妻朱仲芷。

1934年1月6日上午，未经初审，萧劲光就被押赴公审会场。身为红军高级将领，虽然经历过不少党内斗争，却从未见过这种场面：一路上都是标语，会场上口号不断。眼睛里、耳朵里塞满了自己的名字。

"反对红军中以萧劲光为代表的罗明路线！"

"反对萧劲光的机会主义路线！"

"打倒退却逃跑的萧劲光！"

甚至还有"打倒蒋介石的走狗萧劲光！"

莫名其妙，哭笑不得。对于"扣帽子"、"泼脏水"，萧劲光自觉问心无愧。

会场摆出了一副讨伐公贼的阵势。红军各个部队和军委各机关及军事院校，加上中央党政机关和苏区工青妇等群众团体，都派代表列队立在场中。在"最高军事裁判法庭公审大会"会标的主席台上，端坐着苏维埃时代的法官们。

萧劲光在台前站定。大会主持人宣布“中华苏维埃最高法庭临时最高军事裁判法庭公审军事犯萧劲光大会开始”后，宣读了控告书。这份控告书不仅经过中央负总责的博古的反复修改，还译成俄文请李德批阅审定过。

萧劲光开始还认真听着，后来越来越听不下去。这份控告书居然将他定为“违抗上级命令和退却逃跑的贪污腐化分子”，说他“在敌人第五次‘围剿’前，陷于机会主义和悲观动摇与惊慌失措，以致把红军用血肉换来的赤色的黎川和一批军用物资送给了敌人，做了敌人的内应”，因此他是“红军中的败类”和“苏维埃革命的罪人”。

控告书宣读完毕后，面对主审人和审判员的责问，萧劲光愤然答道：“既然是法庭，我有权利说明真相，申辩。敌人进攻黎川前，闽粤赣军区的部队按照上头‘分兵把守’、‘全面抵御’的指示，奉命东调西调，分散成几处，在敌人大兵压境时，军区主力部队已奉命随三军团去了福将，剩下一个独立师又被调往硝石，并且归一方面军直接指挥作战。可是进攻黎川的敌人是一个军三个师，好几万人。我手上只有一个军区教导队，满打满算七十人，再就是一些当地游击队。”

“你知不知道中央对第五次反‘围剿’的方针？”台上有人打断他的话。

“知道，就是‘御敌于国门之外’，‘不放弃苏区一寸土地’。”萧劲光说。

“那你是怎么执行的？”台上又问。

“你说那个时候该怎么执行？是死守在那里等着让敌人全部消灭，还是及时突围，保存力量，待机反击？敌人已经占领了黎川外围阵地，就要形成对我们的合围和完全切断我们的后路时，我才带着身边仅有的人，撤到了黎川城外……”萧劲光反问。

“……你、你擅自放弃黎川，就是拒不执行中央命令！”提问的人恼羞成怒，向萧劲光吼道。

萧劲光正色道：“当时，根本就没有人给我下死守黎川的死命令。从来就没有。既然没有,就不存在拒不执行的问题。再说,我手上根本没有部队,就是想死守,可守得了吗?"

"那你为什么不发挥政治工作的威力,发动和组织群众保卫黎川?"台上又一人接替发问。

萧劲光强压怒火,说:"省委和政府机关,包括政工宣传员们,在我赶到黎川的时候已经撤走了,老百姓也跑光了,我靠谁去发动和组织群众,又向谁去宣传鼓动?就是有了人,敌人开着飞机大炮过来,我们拿什么去抵抗?"

台上的法官问不下去了。

如何处理萧劲光,中共中央政治局委员之间也发生了争执。博古与李德反复商讨之后,怕把事情闹得不好收场,只得稍作妥协,宣布开除萧劲光的党籍军籍,判处他五年监禁徒刑,并剥夺上诉权。

博古等人原本想以判处萧劲光来"杀鸡儆猴",压压毛泽东的"气焰",哪知事与愿违,不仅杀不得"鸡",更没吓住"猴子",反而为自己的"左倾"错误增加了例证。他们视为"马列主义真经"的教条主义的东西,却最终导致了第五次反"围剿"失败。红军被迫开始了二万五千里长征。

二万五千里,苦中作乐

萧劲光走在长征的队伍里。

他左肩斜背一个包袱,里边是一床夹被、一张油布、几件换洗衣服、两本教科书。右肩斜挎一个干粮袋,腰里别着手枪,手里拎着一个两层的饭盒。这就是他的全部家当。

他现在是军委干部团的上级干部队队长。没有配马,因为他还是一个犯人;没有党籍,他能跟上大部队长征实属侥幸。由于"左倾"冒险主义统治,一批蒙受不白之冤的同志被处决,一批忠心耿耿的优秀干部不得一同出发。

瑞金公审大会以后，萧劲光受到了监禁。从前来探视的贺子珍同志口中，他得知：李德曾提出要判他死刑，而毛泽东坚决不同意，总政治部主任王稼祥也拒绝签字，于是，得以“刀下留人”。一个月后，他被派往红军大学去做军事教员。

萧劲光感谢来之不易的信任。在红军大学，他工作很努力，每次讲课都画了很详细的图，还自制沙盘。他使出浑身解数，把苏联军政院校里学到的那些宝贵知识，倾其所有教给学员们。不仅学员反映特别好，连李德听了他的课后，也大为欣赏。后来，萧劲光被任命为政治科科长。这也许是萧劲光最终被带上长征路的缘由之一。此时，学员中还有人负责监视他的行动。他不介意，公审都过来了，这算什么。政治科编为上级干部队，他这个队长统属于陈赓为团长、宋任穷为政委的军委干部团，成为保护中央纵队的一支主要力量。

湘江战役以后，红军损失惨重，由出发时的十万人锐减到三万。同志们的心情都很沉重。四次反“围剿”以来，一年多，“左倾”冒险主义的一套指挥方法行不通。在通道会议以后，中央接受了毛泽东的意见，放弃与二、六军团会师的计划，而改向敌人力量薄弱的贵州前进。这使萧劲光感到形势有些转机，心中稍许宽慰。

他们在乌江南岸迎接了1935年的元旦。接着，突破乌江，占领了遵义。在遵义休整的十二天里，召开了具有伟大历史意义的遵义会议，解决了当时迫切要解决的军事问题和组织问题，在实际上确立了毛泽东同志的领导地位。

虽然没有传达遵义会议精神，但“上干队”这些久经沙场的老同志早已觉察到，进入贵州以来党的方针的改变。他们心里充满希望，队伍也渐渐活跃起来。成仿吾也是其中一员。他平时不苟言笑，讲起话来一本正经，很是斯文。以周士第为首的几个捣蛋鬼，就经常拿他开玩笑。

从遵义出发后，萧劲光和成仿吾一边走，一边闲谈。不知何时，周士第也插了进来。

“今天阴历是多少啊？快过年了吧？”周士第问。

“十二月初九，”萧劲光说，“今天是我生日。”

“是吗？那我们该给队长祝寿了。”

“好啊，给队长祝寿！”周士第兴奋起来，瞅了一眼成仿吾的干粮袋，“咱们宿营地见。”说完走远了。

萧劲光和成仿吾谁也没有在意。

中午时分，他们宿营在一片杂树林里。炊事员开始埋锅造饭。

“同志们，今天是队长的生日，我们大家来为队长祝寿吧！”周士第煞有介事宣布。

萧劲光和成仿吾正靠着一棵树下闭目养神，不知什么时候，四周围上了七八个学员，显然是周士第组织的。他们各自拿着自己的搪瓷缸子，有的里面放着一点儿的炒玉蜀粒，有的放着称为救济粮的野果，还有的是拌了盐巴的野菜，红红绿绿的一小堆，煞是好看。贵州虽穷，可气候宜人，数九天仍是满山苍翠，不乏野果野菜。

周士第拿着一个水壶，对成仿吾说：

“成老，我这里有酒，你也把你的好东西拿出来呀。”

“我哪有什么好东西呢？”成仿吾慢条斯理道。

“怎么会没有？干粮袋里藏的是什么？贡献出来给队长祝寿吧！”周士第紧追不舍。

“你干粮袋里有什么，我干粮袋就有什么，哪里有别的好东西呢？”成仿吾还真的捂紧了干粮袋。

“打开看看，打开看看嘛！”众人起哄。

萧劲光看到成仿吾一个老知识分子有点尴尬的样子，实在不忍心，忙出来解围，“我这里倒有点好东西。”说着倒出一串红辣椒。

湖南人和江西人都欢呼起来。正好炊事员把饭端来，大家围坐一起，大快朵颐这“寿宴”。成仿吾也终于解囊，原来他珍藏了一点糯米粑粑。

“我说你有好东西吧。”周士第还得理不让人，“来，我请大家尝尝遵义的‘董酒’。”他拿出水壶，往每个人的饭盒里倒了一点。

大家一尝，哪里是董酒，原来是山泉水。

虽然缺衣少食，但每个人的心里都开始敞亮起来。

红军在土城打败黔军和川军合力追击，一渡赤水，进入川南，准备相机从宜宾上游北渡金沙江的时候，遇到了沿江层层设防的敌军。党中央当机立断，放弃渡江计划，返回川南，二渡赤水，重入贵州，直趋桐梓，再占娄山关，与王家烈的黔军主力展开激战，红军二占遵义。接着，先头部队南下追击敌人，萧劲光指挥“上干队”在娄山关阻击了敌人的反扑。遵义战役历时五天，共击溃和歼灭国民党军二十个团，是红军长征以来第一个辉煌的胜利。

娄山关胜利阻敌后，萧劲光奉命带队进入遵义。他第一件事就是向军委周恩来同志报到。

周恩来从屋里迎出来。几个月来的长途跋涉，周恩来又黑又瘦，两眼深陷眼眶，满脸的胡子显得更加浓密。

“嚯，劲光同志！”周恩来亲自倒了一杯水递给萧劲光，“‘上干队’的同志们都到了吧？住下没有？有没有伤亡？”

“都住下了，没有伤亡。”萧劲光擦着汗，接过水说。

“你们在娄山关主动阻击敌人，仗打得好，赢得了时间，保卫了遵义，保卫了党中央。”周恩来先表扬了上干队，接着向萧劲光传达了不久前的遵义会议。

萧劲光得知，会议批评了“左”的错误，毛泽东同志又重新回到党中央和军委领导岗位上，激动得难以自持。

“会上讨论了五次反‘围剿’的经验教训。对你的问题，过去搞错了，处分一律取消！中央还要考虑重新安排你的工作。”周恩来继续道。

消息太过突然，萧劲光怔住了。他背了一年的黑锅，终于可以“摘帽”了！

“劲光同志，你受委屈了。在这个问题上我也有责任，感到很内疚。”周恩来十分诚恳。

萧劲光眼睛湿润了。他紧紧握住周恩来的双手，半晌，才说了一句话：

“感谢党，感谢你，周恩来同志。”

周恩来从不隐讳自己的缺点错误，当他认识到自己的错误时，便立即改正，并在公开场合检讨。这就是他的高风亮节。每当说起这件事，萧劲光对周恩来的钦佩之情溢于言表：“我和周恩来同志相处了几十年，他是个好人，大好人。”

三渡赤水之后，红军摆出一副要打贵阳的样子。蒋介石急调云、贵军阀驰援。然而红军虚晃一枪，四渡赤水，直插敌人兵力薄弱的云南。“上干队”在路上截获了薛岳副官的汽车，把云南主席龙云送给薛岳的一汽车紧俏货全部缴了。军用地图给了司令部，白药给了卫生部，至于好多火腿和茶叶，除了送给总部首长和其他部队外，自然分到了每个人。“上干队”这下可阔了。一人分得一个大火腿背着，大饱口福。

“上干队”随着军委干部团一路疾驰，所向披靡。国民党预言红军要成为第二个石达开，然而，红军虽然沿着石达开的路线走，却飞渡了天险大渡河，继续北上，过了天权、芦山，来到夹金山。

部队宿营在山脚下，时值六月，夹金山顶仍白雪覆盖。先头部队传下来准备上山的经验：所有衣服都穿上，喝些白酒、辣椒水，多筹些粮食，每人找根棍子。大家便分头准备起来。

团长陈赓来了。他是来看董必武、徐特立、谢觉哉等几位老同志的。

“董老、徐老、谢老他们怎么样啊？”陈赓同萧劲光边走边问。

“身体还硬朗，精神也还好。虽然有马，都不怎么骑。大家给他们找了几张羊皮，虽然臭点，但上山可以御寒。”萧劲光答道。

在一片空地上，“上干队”的同志们都在准备拐棍，砍的砍，削的削。徐特立坐在中间，绘声绘色给大家讲“六月飞雪”……

“真热闹啊。”陈赓和萧劲光走近。

“大家也是第一次看到六月雪啊。”徐特立还是很和蔼。

“上山准备得怎么样了？”陈赓问。

“好了，你看，一张臭羊皮，特殊待遇。”

“徐老是怕冷不怕臭喽。”萧劲光也跟着幽默。

“怕臭这条老命就要不得了。”徐特立的话把大家都逗笑了。

“徐老还有火龙衫呢。”曾克林也插话。他跑上前去，也不征得徐老的同意，揭开了他的外衣。

徐特立的一身披挂，胸上、腰上都绑了几个布口袋，里边鼓鼓囊囊的。这是徐特立沿途搜集的学习资料。尽管学员们屡次劝他丢掉，他都执意不肯，还常常发脾气。“平时不注意搜集资料，要用的时候，到哪里去找？”这次，这些学习资料竟也成了御寒之物。

“好！徐老有新式铠甲，刀枪不入，风雪不透。”萧劲光又引来大家一阵开怀大笑。

“大家抓紧时间笑啊，”陈赓抢着说，“等上了山，可不准讲话，不准笑，不准坐，要是讲了，笑了，坐了，山神就会把你们捉了去。”说完他自己也大笑起来。

原来，这是当地老百姓迷信的说法。

干部团走在军委纵队的前边，大家强帮弱，大助小，安全翻过了夹金山，与四方面军会合了。此后，他们又连续翻过了五座大雪山，越走越有经验，冰雪、严寒、“山神”、“雪妖”都被征服了。他们是胜利者。

在最后一座雪山顶上，萧劲光竟然与陈赓忘情地欣赏起雪景来。

千里雪山，银装素裹，美不胜收。祖国如此俊美江山……萧劲光想起了莫斯科的冬天。五年了，他还没见过这么令人神往的雪。

宋任穷、郭化若、毕士梯、何涤宙、周士第等人也都停住了脚步，一同欣赏起来。

“同志们，我们来吃冰淇淋吧？我有糖精。”萧劲光提议。

“好啊！”众人响应，纷纷解下饭盒，搓起几捧晶莹洁白的雪，拌上糖精，大吃起来。

“我这个冰淇淋啊，比上海南京路上的冠生园的还美。”最喜欢搞怪的周士第说。

“喂，我的更美，是安乐园的呢。”陈赓也不甘示弱。

他们吃了个痛快。

下山的时候,他们兴犹未尽。有人提议:“我们来个会餐怎么样?长征以来,大家都吃过什么好东西?说来听听。”

“茅台酒最好喝。”董必武首先发言。

“宣威火腿不错。”成仿吾也加入进来。

“遵义的羊肉粉。”

“大渡河的鲈鱼啊。”

“广西的耗子。”周士第做了个鬼脸,“拿来剥了皮,生着蘸椒盐吃,香唉……”

“你什么时候到过广西?”毕士梯推了他一把。

“1925年……”

“捣乱。”萧劲光笑了,“猫肉吃过吗?”

“吃过,过金沙江以后。”周士第连连摇头,“那不好吃,是酸的,肉也粗。”

“谁吃过猴子肉?在会理的山上,我逮着过一只猴子,剥了皮拿来炒辣椒吃,好吃极了……”曾克林抢了进来。

“你为什么不请我吃?”周士第抓住曾克林问。

“你不在嘛。”

……

长征一路辗转,生活极尽艰苦。他们挨了多少饿,吃过多少稀奇古怪的东西,还要随时抵御敌军的枪炮……但他们的情绪是如此乐观,仍然充满着活力和信心。真令人难以置信。在此时,他们每个人的干粮袋里,有的只是几把带皮的青稞麦。

第五章　守护黄天厚土

★蒋介石的正式命官

★兵书与练兵

★豺狼来了有猎枪

★相煎何急？修我戈矛

“主席找我有事？”萧劲光忙站起来，合上书问道。

“来给你道贺来了，你的主任批下来了。”毛泽东笑吟吟地。

“感谢主席对我的信任，委以这样的重任。”萧劲光说。

“我那个提议不作数的，”毛泽东手一挥，“蒋介石这个委任状含金量才高喏。”

陕甘宁省军事部部长萧劲光

蒋介石的正式命官

历尽千辛万苦的中央红军，于1935年10月19日到达了陕北吴起镇。吴起镇是从甘南进入陕北的第一个市镇，处于陕北革命根据地的边缘。萧劲光所在的军委干部团先在吴起镇以西约二十里的地方宿营。晚饭后，接到了进镇的命令。

长征到达陕北时的萧劲光

透过苍茫的雾色，他们在镇上看到了久违的“中国共产党万岁”的标语，看到了“工农民主政府”的牌子，不禁心头一热，不少同志都流下了热泪。的确，离开了自己艰苦创业建立的革命之家——中央苏区根据地以后，每日行军打仗，爬雪山、过草地，不停地走，做梦都想有一个落脚生根的根据地，如今终于“到家”了。萧劲光心里有说不出的高兴。

十月的陕北已是深秋，高原气候，早晚离不开棉衣。而红军大多数还穿着单衣，脚穿草鞋。有的还是从中央苏区出来时的那身灰衣服，如今已褴褛不堪。有的还穿着短裤，有的为了御寒，穿着缴获来的国民党的黄军装，还有的穿着沿途买来的以及打土豪得来的各色花衣服……加上长途跋涉的劳顿，挨饿受冻的艰苦生活，个个面黄肌瘦，体力衰竭。不少人还拄着棍子。当时有人开玩笑，说自己像叫花子。

进入吴起镇，当地老百姓看到他们那个样子，开始还怀疑他们不是真正的红军主力，后来，听说他们在国民党的围追堵截下，凭着两条腿，爬雪山、过草地、涉江河，硬是走了二万五千里路时，人人都感叹不已。他们怀着深厚的感情，为红军筹集粮食、布匹，为红军烧饭，缝衣。伤病员也得到了很好的安置。历时一年之久的二万五千里长征终于以红军胜利、国民党军队失败告终。

中国工农红军要改编为国民党军队统一序列的八路军的消息,萧劲光从跟着长征队伍进入陕北时就听说了。不知为什么,一想到自己将和浴血苦战多年的国民党军队并肩战斗,并被国民党政府委以官职,心里就有股说不出的苦涩。

不仅仅是刚被任命为中央军委参谋长的萧劲光,就是红军的各级将领直至普通士兵,都一时转不过弯来。想想看,在闽西根据地,在中央苏区反"围剿"中,在漫漫二万五千里长征时,国民党军队步步追杀,层层进剿,恨不得置红军于死地而后快。能和他们坐在一张板凳上吗?

萧劲光的总参谋部设在延安城北、凤凰山麓的吴家地主院内,与毛泽东的住所只有一墙之隔。他刚到延安那十几天,西路军在黄河以西吃紧,忙于营救西路军,他天天在总参谋部,或是奔走于中央首长之间,哪里也没有去。但是西路军最后还是失败了。他们的心情都很沉重。

萧劲光感到,他这个参谋长当务之急是要打开在陕北的工作局面,首先得跟当地群众搞好关系。可是,他们中央红军大部分领导人是南方人,士兵也多是南方人,原本跟秦地陕北远隔千山万水,风俗迥异,语言不通,有时候沟通不畅,解决问题经常误事,甚至还造成了很多不必要的矛盾。比如,陕北人把棺木叫"板子",但有些南方籍的战士向百姓家借门板搭铺时,总开口闭口"借个板子",当地百姓觉得深受侮辱,闹得很不愉快。为此,萧劲光还挨过训。怎么办?萧劲光想:应该找个当地人来当联络员。

"报告!萧参谋长。"一个精神的小伙子立在萧劲光面前,"陕甘宁军区司令部特务员何友发前来报到!"这是"坐地户"陕北红军的某位负责同志推荐来的。

"哦,小同志,哪里人啊?多大了?我看你……肯定还没到十八吧?"萧劲光以浓重的湖南口音招呼着。

“报告首长，俺是咸阳人。1933年就参加土地革命了，1934年就入了共青团。”这个陕西“愣娃”答道。

“那也是老同志喽？三三年，你能有多大？”萧劲光打量着何友发。后者身量高壮，是个典型的关中后生。

“报告首长，那年俺十三。”

“好好，红小鬼么。”萧劲光蛮喜欢何友发的干脆劲。

“首长，甘罗十二都拜相了，周瑜十三都带兵了。俺不算早的。”何友发认真地说。

萧劲光想起自己在他那个年纪，十六岁，正在长郡中学如饥似渴地学习。内忧外患，让全中国那么多本该在课堂里读书的少年，都走上了战场。不过，为家国而抛头颅洒热血，男儿之志，得其所哉。

“好，就是你了。从今天起给我当个联络员，多往老乡那儿跑个腿，委不委屈你啊？”萧劲光开着玩笑。

“首长，”何友发立正敬礼，“首长叫俺干啥就干啥！”

洛川会议会址

于是，何友发成了军委参谋长萧劲光同志的联络员、警卫员、特务员，机敏勤恳，是萧劲光工作中的一个得力帮手。

1937年8月22日，洛川会议召开了。参加会议的领导同志从延安、西安、三原陆续赶到会场。有中央政治局委员及候补委员张闻天、毛泽东、周恩来、朱德、任弼时、凯丰、博古、张国焘等，还有军队及各方面的负责同志，刘伯承、徐向前、关向应、聂荣臻、罗瑞卿、贺龙、李富春、徐海东、张浩、林彪、萧劲光等。

洛川会议上，首先由毛泽东作形势和任务的报告。他透彻地分析了形势后指出，由于日本侵略者方面的强大而我们力量的弱小，抗日战争必然是一个持久战，要取得抗战的胜利，必须全国总动员，不分男女老幼，有钱的出钱，有力的出力，有知识的出知识，进行全民族的抗战。

毛泽东还特别强调团结问题。在国共两党团结方面，虽然目前统一战线已经建立,比较过去有了进步,但国民党还不愿意发动民众和实行民主政治,还没有与共产党合作的诚意,所以抗战中还可能出现失败、退却、分化和暂时局部的妥协等情况。要求全党要竭尽全力为实行抗日救国十大纲领而奋斗,坚决反对违背此方针的一切错误方针,维护统一战线。而且,要建立各党各界各军的统一战线,工农商学一切爱国同胞的统一战线。

至此,毛泽东指出,农村要减租减息,团结农民各阶层来抗战,也要团结开明士绅和地主起来抗战,对资产阶级、民族工商业者、知识分子的政策也要有相应改变。这一重大决策在会上引起长时间的讨论,不久便统一了认识。

接下来,毛泽东提出的又一个重大问题,就是红军参加抗战的指导方针问题。这一问题涉及今后军队的整体战略部署,是与会领导同志格外关注的重大问题。大家发言踊跃,争相表达自己的看法和意见。包括周恩来,都主张打几个大仗,在运动战中消灭敌人的有生力量,用事实来证明共产党抗击日寇的决心和红军作战的能力。

"我看运动战可以。我们同国民党的运动战不是打得很好吗?"彭德怀说。

林彪和张浩也同意打运动战。他们提出搞一个大兵团作战方案,狠狠教训一下不可一世的日本侵略军。

毛泽东接过林彪的话题:"这样是不明智的。出征后,我们主要作战还是以游击战为主,运动战为辅。为什么呢?从中日战争的特点出发,游击战争最能发挥我军的优势,敌人武器装备好,机械化能力高,我们硬碰硬,运动战就成了消耗战。而且日军是孤军深入,我们只有放进来打,放进来就有基础了,人民群众在我们这一边啊……"

至此,会议几乎有很长时间的沉默。

萧劲光也沉默着。他发觉在中央领导同志争论时,毛泽东几次把目光投向了他。那是一种打破沉默的希冀，是寻求支持的企盼，也是无言的敦促。可是，萧劲光刚刚接受总参谋部的工作，对局势的把握心中尚无谱，不便贸然表态。

张浩仍然主张打运动战："既然是正规军了，还是打运动战好！"

朱德是个稳重的人，他同意毛泽东的思路。但他同时陈述："不打大仗，国民党会怎么说？人民群众会怎么说？外界舆论会怎么说呢？"

……

这个问题最终没有争论出结果，只好先搁置。

萧劲光发现，毛泽东从会场出来，神情有些沮丧。他想趁休息时间，把刚才争论的话题好好思索一下，续会时谈谈自己的想法。

就在这时，博古一脸不高兴，找到了萧劲光，嚷嚷着："萧参谋长，你给我分配的房子没门没窗的，屋里还有一股怪味，夜里怎么也睡不着，可真没法住。"

"是吗？唉，没法子，这里都是这样的房，条件实在太差。"萧劲光解释，"要不然，你去我的房子看看，如果相中了，我就跟你换！"

萧劲光把博古带到自己的住房。那屋子倒是有窗户，就是睡的条件太差，一张门板放在水缸上。

"这怎么睡觉嘛，算了，还按原来凑合吧。"博古回去了。

会议继续进行。毛泽东报告的最后一个问题是设立抗日后方根据地。他提出："红军开赴前线的主要方向是敌后，必须创建敌后根据地，着手发动群众，壮大人民力量。人民群众是我们抗击日本侵略者取之不尽的力量源泉。群众发动起来了，我们的军队就有来源，武装就能扩大，我们的敌后政权就可巩固，根据地就能发展，从而实现党和全民族全面抗战的任务，打败日本侵略者。"

毛泽东在会上提出，主力部队开赴前线后，要留下一支部队巩固陕甘宁根据地，使陕甘宁成为全国抗日大本营。但是，大家似乎对在延安建立大本营有异议。

"陕北地瘠民贫，不宜做抗日大本营啊。万一主力走后根据地守不住，还不如党中央也随着主力走。"有几位同志提出来。

“我不同意。建立陕甘宁根据地，意义重大。后边有个‘家’，开出去的部队才有回旋的余地。党中央扎根在陕甘宁，使它成了大后方，更有利于指导敌后抗日根据地的建设。”

“我同意毛主席的意见。”萧劲光站了起来。他清楚毛泽东的思路，但又不好直接反对大家。在这个关键问题上，他只有从军事角度发言。大家都知道他在苏联学过军事，有发言权。

“陕甘宁根据地是十年内战后留下的唯一根据地了，也是我们出征抗日的唯一依托。”萧劲光理清自己的思路，侃侃道来，“党中央要在这里扎根是有条件的。陕甘宁有它的优势，从地理条件上说，它交通不便，又有黄河阻隔，是敌人进攻的薄弱环节，而且离华北前线不远，指挥便利。再说，当地群众觉悟挺高，我们又已经有了两年的工作基础。主力开赴前线，对敌人是很大的威胁和牵制。我们再留下一支部队，党中央在西北立足是完全可能的。”

萧劲光发言时嗓门很大，也使大家信服。最后，大会同意党中央继续留在延安。

8月23日，国民党政府军事委员会宣布了红军主力部队改编为国民革命军第八路军，并同意总指挥部下辖三个师，每师一万五千人。同时，南京最高军事当局同意了八路军东进，在冀、察、晋、绥四省交界区创建根据地，配合友军在平绥线、平汉线作战的方案。

1937年8月，萧劲光任后方留守处主任

洛川会议通过了《中央关于目前形势与党的任务的决定》和

《抗日救国十大纲领》。会后，各级将领奔赴部队的同时，中共中央革命军事委员会发布《关于红军改编为国民革命军第八路军的命令》。决定“将红军前敌总指挥部改为第八路军总指挥部，以朱德为总指挥，彭德怀为副总指挥，叶剑英为参谋长，左权为副参谋长。红军总政治部改为第八路军政治部，任弼时为主任，邓小平为副主任。八路军下辖第一一五、第一二〇、第一二九师和总部特务团，共四万六千人”。

根据毛泽东的提议：任命萧劲光为八路军后方总留守处主任，并上报南京政府。三天后，南京即发来蒋介石的委任状：

任命萧劲光为八路军后方总留守处主任

国民党中央委员会主席蒋中正

一九三七年八月二十五日

洛川会议结束那天，从西安的八路军办事处开来一辆送青年学生奔赴延安的汽车。自从1935年中国共产党发布“八一宣言”，提出“停止内战，一致抗日”的政治主张以来，特别是“西安事变”以后，中国共产党的所作所为赢得了全国舆论界的支持。革命青年从全国各地奔赴延安，于是西安办事处成了忙碌的转运站。那天的车上，除了学生，还有萧劲光的妻子朱仲芷和儿子。分别快七年了，他们有六年时间杳无音信，直到去年，才在蔡畅大姐的帮助下通上信，又几经周折，夫妻才得以见面。他们的儿子六岁半了，才第一次见到亲生父亲。

萧劲光这边迎来妻孥，那边就要送往亲随。

给他当了一年多通信员、警卫员、特务员的何友发，来向萧劲光告别。

“首长，俺去打小鬼子了！”何友发兴冲冲地说。他腰里别着一把刚缴获的南部式手枪和大砍刀，手里攥着一杆三八大盖，背着一床薄薄的铺盖卷儿。

“唔，全副武装，都是排长了！”萧劲光欣慰地看着即将出发的何友发。

“是！晋察冀军区第二军分区通信队排长。”

“好！多打鬼子，多立战功！”萧劲光重重地拍了拍何友发的肩膀。

壮行。三十功名尘与土，八千里路云和月。

兵书与练兵

洛川会议回来后，萧劲光就忙着理顺留守人员，调配班子。终于忙得差不多了，晚上得闲，他拿起《战役问题》看起来。正看得出神，毛泽东推门进来了。

“主席找我有事？”萧劲光忙站起来，合上书问道。

“来给你道贺来了，你的主任批下来了。”毛泽东笑吟吟地。

“感谢主席对我的信任，委以这样的重任。”萧劲光说。

“我那个提议不作数的，”毛泽东手一挥，“蒋介石这个委任状含金量才高喏。”

说笑了一会儿，毛泽东又道：“现在全国形势很严峻。留守兵团任务也很艰巨，边区土匪还相当猖狂，人民生活还相当苦，你们要保卫边区，肃清土匪，安定人民生活，保卫党中央，巩固与扩大留守部队。”

萧劲光跟毛主席谈了半夜，怎样锻打这支部队，他心中有了数。

萧劲光想的第一件事，就是要办一个参谋训练班。他的得力助手是当时的参谋处处长曹里怀和原军委一局局长张宗逊。

“我们必须下决心开办参谋训练班，培养一批懂军事的人才，否则，我们部队的素质是难以提高的。”萧劲光对两个助手说。

“我赞成。参谋处最近来了几个高中生，很不错的，可以送进去学一学。有文化，人聪明，会学得很快。就是教员和教材太缺。”曹里怀说。

“教员就是我、你、他了。”萧劲光说，“教材嘛……就得下点工夫喽。”

三个人会意地笑了。

萧劲光仅有的两本军事书《战役问题》和《战斗条令》成了珍贵的教

学参考书。书到用时方恨少，他想到在中央苏区千方百计收集、编印、抄写的教材、资料，长征时都丢了，只剩了这两本书，太可惜了。现在要备课，只好凭记忆。

萧劲光找来参谋处新调进的作战参谋邵震做助手。这个年轻力壮的小伙子高中毕业，眼疾手快。两人天天坐在窑洞里，配合默契，“编纂”教材。

“……第二章：参谋的基本职责。扁杠一，嗯……”萧劲光坐在太师椅上，双目紧闭，极力思索回忆着学过的课程，邵震趴在桌子上，飞快地记录着。小伙子并不懂军事，却胜任速记员。两人连续干了几天，一本简易教材“出炉”了。

参谋训练班就这样土法上马了。一批精明强干、有文化有胆识的同志调来学习。其中还有一位身手不凡的女同志陈慕华。这个大学生是自己强烈要求来的。于是，参谋队伍里第一次有了“女流之辈”。而且，这位巾帼后来还成了留守兵团的第一个女参谋。两个多月的速成班，人人成绩优秀。留守兵团成立的时候，这批学员成了部队中的骨干。

为了加强领导和指挥，军委决定将八路军后方总留守处对内改称留守兵团。由萧劲光担任司令员。

留守兵团的第一次兵团首长会议开得红红火火、热热闹闹。这些从一、二、四方面军和陕北红军编入留守兵团的团以上干部，来自五湖四

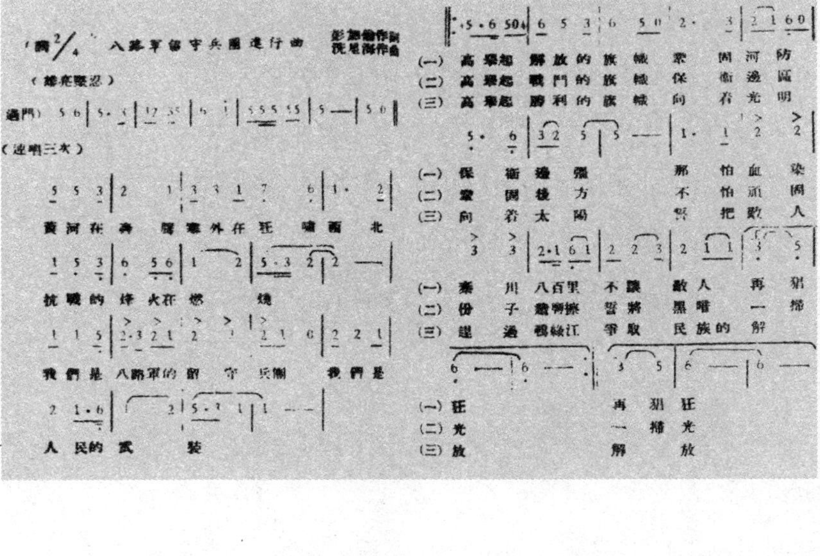

《八路军留守兵团进行曲》

1938年1月20日，八路军留守兵团召开军政首长会议。图为与会者合影(萧劲光位于后排中)

海，分驻陕北二十三个县的四面八方。很多人彼此不相识，也没见过他们的司令员。他们到延安的当天，萧劲光便来到他们的窑洞，和他们拉家常。

“到处走走，看看延安这片风水宝地。”萧司令员的话让这些学员感到平易亲切。

然而，进入会议议程的第一天，这个貌似和蔼的长者一下变成了令人生畏的严师。一声突如其来的集合令，使许多干部措手不及。

“同志们，我们是留守兵团的各级首长，要给下边部队做好样子。”萧劲光说，“从今天起，我们进行制式的训练。大家集体行动要军容整齐，一律扎武装带。张宗逊，你现在是连长，请你宣布各班、排长。”

好新鲜。几个性子调皮点儿的直吐舌头，面面相觑。无论老实的、规矩的，还是调皮的、散漫的，一下都给镇住了。他们明白，从今天起，他们将有一个新的起点。

第二天清晨，起床号一响，这支特殊连队的战士们以最快的速度直奔操场，边走边整理军容。他们的司令员早已端立在那里。威武的军人姿态在前，哪个战士还敢懈怠？

萧劲光把下一步训练部队的科目首先在团以上干部中施行。不仅训练了干部们的战术、技术、作风、纪律，还赢得了干部们的尊敬。

自从十月份军委命令建立留守兵团以来，萧劲光为锤炼这支部队熬得没日没夜。他奉毛主席的指示，天天去汇报自己的工作情况，切磋军队建设的经验。

“要把这支来自各个地方的部队训练成一支打不烂、拖不垮的正规化军队，关键是要按照古田会议的精神去做。”毛主席的谆谆教诲，给了萧劲光很多启示。

这天，在留守兵团正式颁布编制、任命干部的大会上，毛泽东亲自来做了热情洋溢的讲话。他拍了拍萧劲光的肩膀：“同志们，我在延安，就是靠着这位老兄吃饭，靠你们留守兵团吃饭啊。”

大家都笑了。

“萧劲光啊，我准备死在延安喽，埋在清凉山。你也得做这个准备喏。”毛泽东又开了一个意味深长的玩笑。

“我们留守兵团的干部都要做这个准备！”萧劲光接过了毛泽东的话。

毛泽东神态严肃起来。

“同志们，党中央决定在陕北立足，建立巩固根据地，靠谁呢？在前方靠英勇作战的部队，在后方就靠你们留守兵团啦。军队是根据地赖以存在的、必不可少的武装力量，你们要把留守任务看得如同前线打仗抗日救国一样的重要！……”

毛主席的话像重锤，敲击在每一个人的心上。萧劲光对留守陕甘宁建立根据地的意义认识更清楚了。他当晚挥笔写下了“任务重于生命”六个大字，作为留守兵团的训则下发部队。这也是留守兵团的雄风。

萧劲光彻底扑下身子，要把留守兵团训练成第一流的军队，使留守兵团成为毛泽东同志所说的“战斗的学校”、“蓄存干部的基地”。

留守兵团的教育训练在战争的间歇开展得如火如荼。各种军事训练班、文化补习班如雨后春笋。宿舍里、屋檐下识字小黑板比比皆是。场院中、操场上，瞄准靶更是屡见不鲜。萧劲光倡导把战术和技术分来训练，要求每人都要练熟射击、刺杀、投弹、土工作业四大技术，干部训练战术意识和指挥。

一天，毛泽东踱着方步来到萧劲光的窑洞前。

“子珍昨日来，说你这里藏了宝贝，我今天来挖一挖。”说着，毛泽东的眼神就盯在萧劲光桌前的一摞书上。

“哦，主席说的是我的书啊。子珍同志昨日来都看过了，我就这么几本破书。以前有好些书，长征时都丢掉了，想起来就可惜。现在找本书是多么困难啊。”萧劲光说。

“是啊，物以稀为贵嘛。”毛泽东把萧劲光的书拿起来，一页一页翻看着，“你是学军事的，你说说，对一个战役或战斗来说，最重要的是什么？”

萧劲光十分重视研究军事理……他在留守兵团倡导了把战术和技……开的军事训练方法，开办了各种训练班、研究班培养干部。这一时……他撰写了大量军事著作，其中一……点、思想，在当时产生了较大影响

“我认为……首要的是战役战斗的军事指导要领。”萧劲光略为考虑了一下回答，“战役或战斗要怎么打，要对全局和局部有个通盘的考虑，要有一个正确的指导思想，是进攻还是防御，并且怎么进攻，怎么防御，必须十分明了。”

“唔，有道理。你准备一下这个问题，我们找时间讨论一次。”毛泽东站起身，拿着那两本《战役问题》和《战斗条令》爱不释手，“我想研究一下军事问题，这两本书借我拿去看看吧。”

萧劲光没吭声。这可真是他的宝贝！从瑞金到陕北，跟着他走了二万五千里路，多少次轻装，他都没舍得丢掉。况且，部队教育训练正用得着呢。最“要命”的是，他知道毛泽东喜欢收藏书，他怕书从此一去不复返了。

“怎么，舍不得？”毛泽东笑了，“好小气呦。”

萧劲光有些不好意思：“是有些舍不得，我就这么两本军事书，部队训练这会儿正拿它当拐棍呢！”

“哦！那给我也当当拐棍吧。借你的，一定还的，怎么样？”

“主席今天有备而来，一定要借，我也没法啦。”萧劲光无可奈何。

“要得，要得，我好借好还的。”毛泽东满意地走了。

萧劲光着实心疼了好多天。不，是好多年！直至多年以后接受记者采访，他还“耿耿于怀”地说：“毛主席只借不还，那两本书他再也没还给我。”

毛泽东借书的确大有用场。1937年12月，王明从共产国际回国，抛出了“一切经过统一战线，一切服从统一战线”的“右倾”投降主义，把抗战胜利的希望寄托在国民党正规战上，贬低游击战争，否定洛川会议制定的“基本是游击战”的方针。党内有些同志也稀里糊涂跟风。毛泽东正在进一步总结中国革命战争的规律，他在做理论上的探索。

1938年初春。萧劲光和罗瑞卿、刘亚楼、郭化若几人应邀来到毛泽东的窑洞。

“请你们来，一起谈谈抗日游击战争的战略问题。今天你们是老师，我是学生。不过我这个学生可是要给老师出题目的。”毛泽东一贯风趣。“游击战争有没有可能提到战略位置？这是一个题目。游击战争采取什么样的指导要领？游击战争的实施阶段……”

毛泽东一连抛出几个题目：“一人一题，谁先讲啊？”

“主席，这些题目太大了，一下子接过来，你得容我们考虑考虑。”罗瑞卿先发言。

“今天呢，我们就是研究问题，大家随便讲，讲对讲错都没关系。”毛泽东顿了顿，干脆点名：“萧劲光，你对战争的指导要领似乎挺有研究嘛，你谈谈游击战争的指导要领吧。”

上回布置了作业，这回便要答案了。萧劲光想了想，谈了自己的意见：“我认为，就是要在军事上，想方设法使自己处于主动的地位。因而，要坚决采取主动的进攻方略，要善于集中兵力，灵活地、有计划地运用兵力。”萧劲光先摆了一个论点，又逐一展开来谈。

“当敌人进攻的时候，采取单纯防御，分兵把口，以致被敌人各个击破，是游击战争指挥者的戒条。所以，必须采取积极的进攻方略，集中主力消灭与削弱敌人，以进攻的方略来争取主动的地位。”

“嗯，也就是说，防御中的进攻。”毛泽东画龙点睛。

“兵力的灵活运用，是变被动为主动的重要手段。好像渔民打鱼一样，既要撒得开，又要收得拢。”萧劲光打了个比喻。

“唔，撒得开，收得拢。”毛泽东若有所思，“说下去，说下去。”

“游击战争要取得胜利,离不开它的计划性。无论是整个游击区的行动,或是单个的游击部队,或是游击兵团的行动,事先都应该尽可能地严密计划……”

萧劲光说的是游击战争的问题,而总结的是他回国以后,自己对军事实践正反两方面的感悟和教训。

“主动性、灵活性、计划性,我很赞成。有一点,讲的还不很明确。”毛泽东听完萧劲光的发言说道,“就是集中兵力的问题。在敌强我弱的抗日战争中,在战略上,我们强调以分散的游击战为主,而不是集中兵力的大兵团作战。集中兵力的提法,只用在战役战斗上,相对集中数倍于敌的兵力,达到歼灭战的目的……”

他们逐一发言,整整讨论了一天。毛泽东送他们出来的时候,叮嘱他们每人将自己的题目写一篇文章给他。萧劲光后来才知道,这是毛泽东同志在为写作《抗日游击战争中的战略问题》和《论持久战》两篇著作准备材料。

从那以后, 萧劲光更加注重军事理论和中国革命实际相结合的问题。他从毛泽东身上学到的最宝贵一点,就是理论联系实际的作风。

豺狼来了有猎枪

留守兵团建立起来了。萧劲光最大的困扰,就是陕甘宁边区社会秩序的混乱,尤其是匪患严重。

在军事会议上,这个问题提了出来。

李德提出采取平推战术,派大部队齐头并进。理由是采取这种战术声势大,力量集中。遵义会议后,本来已撤销了李德的军事顾问的职务,但他仍以军事家自居,主观教条主义严重。在中央苏区第五次反围剿中,萧劲光已经吃够了他那套瞎指挥的苦头。陕北高原地形复杂,土匪分散,采用李德这种方法，只能把土匪赶跑，而不能真正杜绝匪患。

萧劲光说：“土匪刁滑得很，昼伏夜出，我们要适应土匪的特点进行围剿。”

萧劲光的观点和李德的观点恰好背道而驰。两人顶撞起来。会议不欢而散。萧劲光后来把同李德的争论跟毛泽东一一汇报。

“没有李德就不行吗？”毛泽东没有正面回答，只是看着窗外的高原，反问，“你准备怎样清剿？”

“我准备用追击、堵截与合击的方法，在每一处匪区集结相当的兵力，统一指挥。一经与匪接触，即轻装尾追；一旦判明匪路，即分路堵截、合击。”

“你认为正确，就去做嘛。任何事最怕瞻前顾后哇。”毛泽东一锤定音。

1938年春的时候，日本侵略军开始注意延安了，经常派飞机来侦察是否有可能沿平溪线进攻根据地。中革军委作战室将敌人可能进攻陕北的情况报告了毛泽东。

1938年4月，萧劲光（左四）、滕代远（右二）与第二战区副司令长官卫立煌（左五）在延安

一天，萧劲光正与曹里怀研究河防部署，毛泽东派人来找萧劲光。萧劲光便和曹里怀朝毛泽东的住处走去。一进门，毛泽东显然兴致很高，当头就给曹里怀出了个题："敌人下一步的目标会是哪里？"

曹里怀先说是上海。因为上海是华东门户。

"说西北吧。"毛泽东直言相告。

"西北的话，肯定是西安了。因为西安是西北的门户。"曹里怀道。

"对。日本人占领沈阳夺了东北，攻下上海直逼华东，进入北平、太原，下一步自然是西北和西安。这可是个大战略。"毛泽东顺势摆开龙门阵，"我认为，主要有两种可能性：一呢，是日军要进攻大城市西安的时候，可能以一支部队进犯河防，配合行动；二呢，日军在山西扫荡，可能侵犯河防，威胁我边区的安全呐。"

萧劲光和曹里怀听了毛泽东这番话，自感压力很大。

"主席，咱们留守兵团现在只有一万五千人，既要固守河防，还要清剿土匪，守卫两千公里的边防。而小鬼子在武器装备上拥有强大优势，捍卫千里河防的任务，这个，我们能担当得起来么？"萧劲光很忧虑。

毛泽东笑道："别紧张嘛。单靠留守兵团的少数兵力，这么长的防线，当然是难以固防了。但是，我们还应该看到有利条件，要和整个华北地区的抗日斗争形势联系起来看嘛。"

毛泽东果然料敌如神。

不久，日军兵分几路，直逼黄河东岸，占领了一些渡口。根据中共中央的命令，八路军一二〇师集中主力，打击了进至晋西北的各路敌军，收复七座县城，歼敌一千五百余人；同时，驻晋西南的一一五师回师晋西，迅速控制了吕梁山地区，主力转至隰县、大宁一带作战，歼敌两千余人。当时，在晋东南的一二九师为策应另两师，也给予敌人以沉重的打击和削弱。这些战斗滞留了日军向黄河西岸进攻的主力。日军只在黄河东岸建立了一些据点。

趁此间歇，留守兵团在陕北与山西黄河交界处，开始紧张布防。

后方大本营的安危系于一身，河防部署完毕，萧劲光仍不敢掉以轻心，与曹里怀分头到各防区视察防务，以备不测。

3月12日，进犯晋西北兴县的一路日军，两千余人带着二十余门大炮，到达了黄河东岸。十多架飞机在河西阵地轰击了两三个小时。随后，大队敌人开始渡河。负责守备马神府地区沿河渡口的警备第六团沉着应战，一直等到敌人密集部队拥下河时，才突然集中全部机枪一齐开火。敌人被打得晕头转向，慌乱逃窜。留守兵团事先准备好的一支部队趁势渡过黄河，袭敌侧背。敌军支持不住，向兴县方向仓皇退去。

这一仗，共击毙日军四十余人，伤敌一百余人，缴获步枪十多支，还有不少军用品。警备第六团仅伤亡六人。战斗结束打扫完战场，留守兵团将缴获的日本大衣、罐头、军刀和其他武器送到中共中央所在地。

毛泽东背着手出来，在战利品前面转了转，笑对大伙儿。

“这洋货是不错喏。”

萧劲光向毛泽东汇报了战斗的具体经过，尤其是“半渡而击”的战法。毛泽东连连点头。

兵者，诡道也。战场上没有常胜将军。萧劲光知道，日军此次受挫，决不肯善罢甘休，真正的恶仗还在后头。

果然，五月初，日军大约一个旅团，携着三十余门炮，经大武，向军渡进犯，企图在宋家川附近渡河西进。

萧劲光思忖着。春季那场战斗，部队半渡出击取得胜利，军委也给予了充分肯定，还要求留守兵团认真总结经验。可敌人不是棋盘上的棋子，而是一群丧心病狂、恨不能一口吞掉陕甘宁边区的刽子手。我们总结经验，他们能不汲取教训吗？我们在阵地上坚守，被动地让敌机大炮狂轰滥炸，为什么不能主动出击呢？

“给警备第八团发报！”萧劲光下命令，“让文年生带一支部队东渡黄河，注意隐蔽，等敌人到了岸边，趁其立足未稳，夜袭敌营！”

“好！先发制人，打他个措手不及。”曹里怀赞道。

“用不用先向军委报告一下？”政治部主任莫文骅问。

“不用了。”萧劲光斩钉截铁，“错失良机，兵家之大忌。马上把电报发出去吧。”

按照萧劲光的命令，警备第八团团长文年生亲率一支部队，在日军到达对岸之前，东渡黄河隐蔽候敌。夜半时分，出击部队突袭了敌先头部队一个大队，歼敌二百余人，打乱了敌人的战斗部署，迫敌掉头退去。

1938年，萧劲光与留守兵团政治部主任莫文骅(中)和三八五旅参谋长耿飙(左)合影

1938年底，日军在攻占了广州、武汉之后，调整兵力，加强对华北的进攻。此时，日本华北方面军司令官杉山元辖第一、第十二军和航空兵部队，共十一个师团和四个旅团。华北方面军在得到加强后，根据大本营“以确保安全为一切根本，以肃正作为指导作战准绳”，实现“由点到面”的占领战略，并将摧毁中共抗日根据地作为首要的打击目标。

延安是中共抗日根据地大本营，首当其冲被列入日军华北司令部航空兵的首要摧毁目标。日军飞机先是秘密从太原附近的一个机场起飞，然后沿黄河绕道延安城的北面，几乎从山塬背后向这座古城发起袭击。据统计，日军先后轰炸延安十七次，投弹一千六百九十枚，炸死炸伤四百余人，炸毁公房一千一百七十六间，民房一万四千四百五十二间，各种粮食三十四万斤……

萧劲光坐不住了。军委首长的过问，边区政府的告急，部队官兵的请战，像一座座巨大的山峰压下来。令他不可思议的是，在王明“与国民党统一指挥、统一编制、统一武装、统一纪律、统一待遇、统一作战计划、统一作战行动”的方针指导下,苏联向中国政府贷款的五千万美元轻松落入了蒋介石的腰包,转眼换成了先进的武器装备,扩充了国民党的军队,而陕甘宁边区的部队却装备落后,被动挨打。

八月的时候,王稼祥从苏联回国。领着一个汽车队,带回一些拆卸装箱的、延安急需的高射机枪和子弹。据说,如果不是王稼祥这样的中共高级领导人亲自押运,并对此高度保密,共产国际执委会是绝不肯,也不敢这么直接把武器私下援助到中共手里。但是,杯水车薪,这些有限的枪械无论如何也抵挡不了日军航空兵的暴行。此刻的延安,已是到处断壁残垣。

萧劲光铆足了劲要在战场上挫败日军,好好灭灭小鬼子的气焰。

1939年元旦,已经进至延安东大门的晋西一带的日军,兵分三路,各有千余人,附炮十门,一路向马头关,一路向凉水岩,一路向泥金滩,再次贼心不死向河岸推进。占领了三个据点后,又立即用大炮、机枪隔河向陕北境内猛烈射击,随后又派来十多架飞机,对河西地区进行轰炸扫射,并投掷多枚毒瓦斯弹。

留守兵团的守备部队开始隐蔽待敌,直到敌步兵集结河岸,开始准备渡河时,才一齐开火射击。日军也隔河开炮还击。激烈的战斗相持着……

留守兵团的指挥所里,参谋机要人员穿梭往来,电话铃声、呼喊声此起彼伏。

“什么,鬼子投了毒气弹?部队伤亡怎么样?”曹里怀接到战况报告,气得嗓子冒烟。

“告诉部队,沉住气,坚决顶住敌人的攻击。”萧劲光一边说,一边盯着墙上的地图,“绝不能让敌人踏上河西。告诉一线指挥员,多坚持一分钟,就多给敌人带来一分动摇。”

萧劲光清楚,河西失守,就无法保证延安及延安周围的中央和边区及直属单位的安全。而此时,在日军向边区大举进犯的形势下,延安正东百十里的大川里,一条由寻找避难处的群众汇成的长龙缓缓延伸,拥挤的车辆、毛驴和耕牛,妇女、孩子和老人,远望故土,拖着滞重的脚步,卷起漫漫尘土……

“老萧,主席电话找你。”曹里怀紧张地说。

萧劲光接过电话听筒。

“劲光啊,你那里情况怎么样?”毛泽东在电话里问,“刚才有两名地方干部上我这儿来,想看看中央有什么打算,我说敌人还没有到,你们急什么呢,如果我们先乱了,群众会怎么看?”

萧劲光简要汇报了战况。

“太不像话了!日本人投放毒瓦斯弹,这是国际公约明令禁止的,一定受到全世界人民的谴责。”毛泽东沉重地说,“劲光啊,狠狠地打,边区人民可是看着的。”

河防部队与日军相持一天,击毁敌人部分船只,杀伤一部分敌人。随后几天,河东友军和游击队不断袭击敌人的辎重和增援部队,日军经不起持久作战,三路敌军先后退走。留守兵团河防机动部队迅速渡河追击,与一部溃逃之敌激战约三小时,然后安然撤回河西。这次战斗共毙敌八十余人,缴获步枪十余支,马数十匹。我军伤亡八人,中毒十余人。

萧劲光从1937年8月任留守处主任,至1945年8月离任,在他的精心部署和果断指挥下,在晋西北、晋西、晋西南八路军的配合下,先后对日作战七十余次,中共抗日根据地大本营的千里河防固若金汤。日军始终未能越过黄河以西,踏入陕甘宁边区一步。

相煎何急?修我戈矛

1939年前后,正是日军进犯陕甘宁边区最频繁,也是最猖獗的时期。恰恰此时,国民党顽固派接二连三制造摩擦,一波未平,一波又起,而且不断升级。由开始的造谣滋事、骚扰破坏,发展到攻城略地、血腥屠杀。其中,摩擦事件最多、斗争最尖锐、激烈、复杂的,主要是关中、绥德、陇东三个地区。

关中及其毗邻的郿县、甘泉一带,是陕甘宁边区的南大门,是全国各地进步青年和国际友人奔赴革命圣地延安的一条主要通道。这个地区又正是蒋介石的嫡系、第八战区副司令员胡宗南部的主要防区。胡宗南在关中和陇东部署了十二个步兵军、一个骑兵军,另两个骑兵师、八个炮兵团,共约二十万人的兵力。特别是把他的骑兵第二师、预备第三师,以及保安旅等大量兵力部署在紧靠陕甘宁边区郿县、淳化、栒邑等县一线,直接威胁边区的安全。还有当时任陕西省主席的蒋鼎文,也是蒋介石的亲信。他委派到郿县、栒邑、淳化等县的几个县长及其保安队,也都是内战行家,专门制造摩擦的大小爪牙。

一边要抖擞精神指挥部队对日作战,稳固千里河防,一边又要对付国民党的限制封锁和摩擦。萧劲光谈何容易!接连不断的有关摩擦事件的报告,摆上他的案头。

那还是1939年初,河防正吃紧,八路军原本设在黄河边上的战地医院奉命向西,转移到关中地区栒邑县南的土桥镇。国民党的栒邑县县长张中堂和专员张明经闻讯,竟然调集保安队两三千人围攻我伤残人员,迫使战地医院不得不退出土桥镇,移入栒邑县城。身为边区留守兵团司令员的萧劲光立即电告蒋介石,要求予以查处。然而,蒋介石的回电只有一句应酬搪塞的话:"已电省府制止矣。"

如此明抑暗扬的怂恿和支持,使那些反共的摩擦"专家"更加肆无忌惮。

不久,战地医院的一名采买人员出城采购,竟突然遭到该县保安队枪杀。伤残人员群情激愤,派出代表前往国民党县府请愿,县长张中堂居然指挥保安开枪射击,当场杀害九位代表。伤残人员组织反击,终因寡不敌众,被迫撤出栒邑县城。后有十七名重伤员掉队,被保安队捕去,毒打后全部被杀害……

这些伤残人员在抗日战场上虎口余生,在抗日后方却死于"友军"之手。实在令人扼腕悲愤。

没等萧劲光处理完伤残军人请愿问题,边区郿甘警备区又传来急报,驻洛川的新编骑兵第二师向边区进犯。这个骑二师的师长马禄曾多次与红军交手。当初在陕北西部的"剿匪"中,曾被红军打掉一部,还俘虏了他几个拜把子兄弟。马禄一直耿耿于怀。国共合作初期,他还有所收敛,现在形势有变,他立刻卷土重来。

骑二师开进迅速,占领了鄜县南部几处村镇。当时,警备区只有警三团、警四团和特务团,分布在几百里长的防线上。而且,鄜县距离延安不过百余里,形势骤然紧张。

“让我去狠狠打他一家伙!”警备第八团的团长文年生向萧劲光请战。他计算过兵力:虽不及骑二师,但警备部队在战术上有优势。若选择鄜县北部做战场,收拢警备三、四团及特务团,与八团配合作战,还有把握取胜的。

萧劲光也早就想教训教训这帮顽固派了。但方案送到中央后,毛泽东没有同意。

“不需要打,你写个警告他的布告就行了。”毛泽东在电话里对萧劲光说,“我们要先礼后兵。”

于是,萧劲光火速草拟一封措辞强硬、毫不留情的布告,送给毛泽东过目。待他去杨家岭的中央机关取布告时,看到毛泽东已在措辞上作了一番修改。

> 本军奉命震慑,业已部署周详。外与友军团结,内与党政协商。惟期地方安静,既以巩固守防。倘有汉奸国贼,敢于以身试尝,国家法纪所在,决不任其徜徉。

修改后的布告张贴于警备区的各村要道。同时,毛泽东亲自致电蒋鼎文:“如果马师不退,则引起冲突之责任及一切后果,我们概不负责。”

电报发出,骑二师停止了前进。再过两日,马禄来电,称之“误会”,然后撤兵了。

驱走马禄,延安为之振奋。萧劲光等人来到毛泽东住处,转告边区军民的原话：毛主席用兵如孔明。

毛泽东则淡淡一笑——

“做事要有理。我是国民政府的边区，你干吗要打我？其次要有利。你们仓促应战，五心不定，胜败无数，还是不要打无把握之仗为好。其三要有节。他说‘误会’，就给他个台阶下，请他滚！”

在这之后，“有理、有利、有节”成为解放区反摩擦的准绳。

但是，赶走一个马禄，并不意味着国民党军反共摩擦的举动都已收敛。在蒋介石确定的“溶共、防共、限共、反共”的方针下，华北各战区的国民党组织和军队，都相继部署了行动。

在日军进占太原后，阎锡山节节败退。但阎锡山却以种种借口进攻共产党领导的新军第二纵队和第三纵队，逮捕了新军大批政工人员，杀害了不少共产党员和进步分子。

从1939年12月初开始，阎锡山的独立第八旅在晋东南摧毁抗日政权，袭击进步报社，杀害共产党员近六百人。新军第三纵队四个团的政工人员全部被杀，制造了“十二月事件”。蒋介石的第四十军为配合独八旅，也在高平、壶关一带包围八路军和新军第三纵队。陕甘宁陇东五县均被国民党军占领。

针对阎锡山的反共行动，八路军和新军根据毛泽东“晋西北的武装冲突势不可免”的指示，在思想上和军事上都做了充分的准备，并采取坚决果断的措施，于1940年初，粉碎了阎锡山的军事进攻。

仗是打胜了。但打仗不是目的。最终目标是要在统一战线中团结进步势力，争取中间势力，孤立和打击顽固势力。

春天再次光临杨家岭。萧劲光在毛泽东的窑洞中碰见了王若飞。

“中央决定，由你们俩去秋林和阎锡山谈判。”毛泽东开门见山交代了任务，又风趣地说，“劲光同志是‘朝廷命官’，这次是首席代表。若飞同志嘛，就当一下助手喽。”

“我这个首席代表是名义上的，实际上还要靠若飞同志。”萧劲光诚恳地说。

王若飞是中共中央秘书长，在谈判桌上非常有经验，堪称谈判专家。

“我没问题。劲光同志在前面打头阵,我殿后,我们一定合作愉快。”王若飞也不乏幽默道。

“这封信你们带给阎锡山。”毛泽东拿出亲笔信交给萧、王二人,“你们去给阎锡山讲清楚,我们共产党人是真心诚意地合作抗日,你们为什么要同室操戈,制造摩擦,做那些让日本鬼子高兴的事?抗战初期,你阎锡山同我们合作还不错嘛,为什么现在又跟着蒋介石的指挥棒转,又同我们过不去了?要当面警告他,我们共产党以团结抗日为本,但也不是好惹的。我在信里写了:人不犯我,我不犯人;人若犯我,我必犯人。这就是我们的原则。请他三思而后行。”

萧劲光和王若飞受命启程。

阎锡山的行营安扎在秋林镇一幢青砖青瓦、几进几里的大宅院内。大院门前岗哨林立,戒备森严。萧劲光和王若飞被安排在离宅院不远的一栋小楼内。

翌日,一位自称是阎锡山副官的人来到他们下榻处,恭谨地笑道:“二位代表,我们阎长官身体不适,多有怠慢,还望海涵。有何贵干,我可否代为转告?”

萧劲光拿出“朝廷命官”的架势直言奉告:“不必烦劳你的驾。我们有要事,只能与阎长官当面谈。”

王若飞也话里有话:“请转告阎长官,悉心养病,我们等一两天无妨。”

“好好,一定转告,一定转告。”那副官碰了一鼻子灰走了。

整整一天过去了,阎锡山没有露面。

次日一早,萧劲光和王若飞住的小楼门外一片嘈杂。几个背着相机、拿着纸笔的人同门口卫兵争执起来。

这些人这么快得到消息找上门来,想必有些来头。萧劲光和王若飞来到门口站定。

“有什么事情，请他们进来说。”

几个人一齐涌进来，各报家门，纷纷自称是各大媒体的新闻记者，但究竟是什么人，一时哪里去分辨？而且，这些人用挑衅的口吻，向萧劲光和王若飞提出一连串问题，显然是有意刁难。

对于那些不怀好意的发问，萧、王二人根据事实，严词予以批驳；对于那些不便明说的问题，萧、王也只好使用外交辞令“无可奉告”。

总算把那些莫名之徒打发走了。

耐心的等待也是一种谈判策略，有时比面对面的交锋更具效应。

又过了一日，阎锡山憋不住，终于出山了。这个在山西称霸几十年的大军阀，已是体态臃肿，老气横秋，步履维艰。

“萧主任，王秘书长，二位不辞劳苦，莅临敝处，有失远迎，望多包涵。”

萧劲光和王若飞不卑不亢应酬了几句，便递上毛泽东的亲笔信。

阎锡山展开信，缓缓读了两遍，神情颇为复杂。

“两位代表带来毛先生的手书，不胜感激。毛先生一定还有事委托二位吧？”

“不错。毛主席一向认为，抗战以来，阎长官是很合作，很友好的。八路军奉命开赴第二战区抗日，阎长官给予许多方便。但近几个月来，不知阎长官何故一反常态，与我军制造摩擦，杀人掠地，破坏抗日协定，同我们过不去？大敌当前，当共御外辱，何以煮豆燃萁，同根相煎？”王若飞措辞一贯犀利。

“有些事情，系出误会……”阎锡山面露窘迫。

“误会？”萧劲光是军人，早就被马禄的“误会”给弄得很恼火，所以再听这个阎老西儿的“误会”，更是心生愠怒，“阎长官说是误会，请问哪些地方有误会？你明令你部杀我们的人，夺我们的县城，这也是误会？我是个军人，您也是军人。恕我直言，我们八路军也不是好惹的，如果有人敬酒不吃吃罚酒，我们也奉陪到底。”

“……这从何说起嘛。”阎锡山也有些急了。“我阎锡山到底也是中国人，谁不想打小日本谁是龟孙子。正如萧主任说了，我也是军人，我也要奉命行事嘛。”

萧劲光与王若飞一对眼色,心里也有了基调。谈判的目的是团结抗日,不能把阎锡山逼得太急了,要给他一个台阶,况且这个阎老西儿的部队经我军再三反击,锐气全无。

“阎长官既然有心抗日,那我们也可以当面解开相互间的误会。”萧劲光说。

“好,我们谈谈,解开为止。”阎锡山道。

和谈进展还算顺利。阎锡山这几个月同八路军火并,企图以此取悦日寇,换取一方苟安。可一来被八路军的反击所粉碎,二来日寇背信弃义,压根不让他做好梦。何去何从?阎锡山终于做出了选择,与八路军代表达成协议。

萧劲光离开谈判桌时重申:“我们的原则,毛主席已经明确讲了,‘人不犯我,我不犯人;人若犯我,我必犯人’这十六个字,报界可以公开发表。”

阎锡山支吾了一会儿,才道:“这‘人不犯我,我不犯人’是可以接受的。不过,这‘人若犯我,我必犯人’似乎太强硬了。请二位代表回去禀报一下毛先生,是不是改成‘人若犯我,我必自卫’?这样,报界公布也就没有那么多火药味。”

在听了萧劲光和王若飞的汇报后,毛泽东斩钉截铁道:“一个字也不能改!不仅要告诉阎锡山,也要警告所有搞摩擦的顽固派。对他们就是要强硬,就是要‘人若犯我,我必犯人’!”

这四条掷地有声的短句,从此便成为各解放区与国民党顽固派作斗争的一条重要的自卫原则。

第六章　战斗在白山黑水

★打虎上山

★四保临江出奇兵

★兵临城下,血红雪白

时至20世纪80年代,在一次全国人民代表大会上,时任全国人大常委会副委员长的萧劲光和任全国政协常委的郑洞国又一次碰面了。两位耄耋将军互致问候。当相互问询年庚时,才发现,两人竟是同年同月生,同是跨年属虎人。

“您年长我十天。”郑洞国说。

“我们真算有缘分。”萧劲光意味深长道。

1948年，第三纵队副政治委员唐凯(左起)、东北野战军第一兵团司令员萧劲光、副司令员陈伯钧、第五纵队副政治委员刘西元在东北

打虎上山

1945年8月，苏联出兵东北，日本天皇宣布无条件投降。艰苦抗战终于以我方全面胜利，侵略者全面失败而告结束。

胜利来之不易啊。秧歌、腰鼓、火把、提灯，夜以继日的游行——延安城沉浸在一片喜悦中。“八一五”这个日子，在中国的历史长河中，永远是一个辉煌的里程碑。

但是，抗战的胜利，并不意味着和平民主的到来。内战与和平两种前途摆上案头。中国共产党极力主张建立联合政府，使中国进入和平民主的新阶段。国民党蒋介石却一面命令八路军、新四军原地待命，一面在美帝国主义支持下调运兵力，抢占大中城市，准备内战。与此同时，又在8月份连续三次电邀毛泽东谈判，玩弄“和谈”阴谋。

面对蒋介石反革命的两手政策，毛泽东同志代表党中央鲜明地提出，我们的方针是“针锋相对，寸土必争”。在这种形势下，党中央决定毛泽东同志赴渝谈判，争取和平民主，同时，号召八路军、新四军及其他一切抗日武装迅速前进。收缴敌伪武装，接受日本投降，收复所占地区，扩大解放区。将领们也迅速返回各战场，原本在延安工作的同志也抽调一部分奔赴各抗日根据地。

“同志们担心我去谈判的安全，其实不要紧。蒋介石这个人我们是了解的。你们在前方打得好，我就安全一些，打得不好，我就危险一些。你们打了胜仗，我谈判就容易些，否则就困难一些。”毛泽东一如既往的风趣，气度恢宏地对萧劲光等即将奔赴前线的同志们说。

林彪、萧劲光、江华、邓华、李天佑等一行人，原本去山东，经河南濮阳时突接中央电报，令转道去东北，且“万万火急”。这是党中央在执行“向南防御，向北发展”的方针，与蒋介石抢夺东北，把东北建成“我们的”根据地。

1946年的东北临江，风雪和山峦、大地、森林结成了神圣同盟，扫尽了秋叶，送来了严冬。

1946年10月，萧劲光和陈云离开哈尔滨，经牡丹江、图们取道朝鲜赴南满工作，于平壤留影。右三为萧劲光

过惯了黑土地爬冰卧雪日子的老百姓都说冷得邪乎，出门手脚像叫猫咬了；乘着美国军舰踏上这片热土的全美械国民党王牌军的将士冷得听到风声就直哆嗦；更不消说刚从关内开到东北，又让国民党军逼得节节后撤的共产党东北民主联军了。

此时，东北民主联军身比风冷，心比雪寒。丢了山海关，丢了绥中、四平、锦州，又主动撤出沈阳、长春、哈尔滨……一路上官兵都在嘀咕，怎么撤起来就没个头了？中央的指示："让开大路，占领两厢"，真是又清楚又让人迷糊。

南满已经告急。那地方是穷旮旯，满打满算只有二十二万人口，却要养活近六万人的部队和地方干部，根本不可能。粮食、枪弹、医药、被装均无着落。而国民党的悍将杜聿明调集廖耀湘的新六军、孙立人的新一军、赵公武的第五十二军共十万大军，兵分三路从沈阳出发，浩浩荡荡向南满进逼。

那片根据地看样子是守不住了。东北局无奈，准备开拔。关键时节，中共中央一道急令，东北局部队立即停止行动。经批准，东北局成立中共辽东分局，陈云、萧劲光赴南满以加强领导。陈云任辽东分局书记兼辽东(南满)军区政委，萧劲光任辽东军区司令员，萧华任副司令员兼副政委。

迎接陈云和萧劲光的正是原辽东军区司令员兼政委萧华。

1947年春，萧劲光（左）同辽东（南满）军区政治委员陈云合影

“怎么今天才到？我可是等了你们整整一个月啊。”萧华说。

“能来到这里就算是谢天谢地啦，半路上差点就见马克思去了。”萧劲光搭讪着，简要说了说火车在宁安县差两米相撞的历险。

“好哇，你们大难不死，必有后福。”萧华诙谐道。

萧劲光抓紧时间在作战科听取敌情汇报。万分紧急，敌人已经集中八个师的兵力从三个方向包抄过来，前锋已达通化。

“部队准备如何迎敌？搞出作战方案了吗？”萧劲光问作战科科长岳天培。

“……司令员，是有一个防御方案……还有一个撤退方案。”岳天培迟疑着。

“撤退方案？”萧劲光已经听萧华说过，领导干部思想不大统一，有部分同志认为无法坚持就地防御，为保存实力，主张撤过松花江，与北满主力会合。

杜聿明的“南攻北守”战略部署，就是先歼灭南满“共军”力量薄弱的三纵、四纵，再向北满挺进，与东北民主联军决战。这一点，萧劲光很清楚。到了这个紧要关头，只有坚定按照东北局制定的“坚持南满，巩固北满，南拉北打，北拉南打，南北满密切配合，集中优势兵力，主动出击敌人”的方针，才能粉碎杜聿明“把南满共军逼上长白山啃树皮，拱进鸭绿江喝凉水”的狂妄叫嚣。显然，南满根据地的领导还没领会东北局的这一意图。

岳天培又简要阐述了撤退方案。萧劲光则强压住怒火。他刚来，还没有发言权。

萧劲光和陈云分头到部队和地方调查研究，了解情况。不可否认，形势比他们预想的还要严重。

萧劲光来到四纵。这支刚刚在新开岭打败号称“千里驹”的敌二十五师的英雄部队，现在还没有得到补给。纵队司令员胡奇才，副司令员韩先楚、彭晋秋一见萧劲光就诉起了苦。

“萧司令，部队缺枪支弹药，什么时候才能补上啊？”

“部队缺冬衣，大伙儿为了御寒，身上绑的是草啊，有不少已经冻伤了。”

“伤员也得不到救治，没有药医……”

萧劲光认真地记录着，困难很明显，且十分严重。但他此刻考虑的是更为让人担心的问题。

“咱们的部队，在这种困难条件下，还有没有战斗力？士气如何？”他问。

“要说打仗？那没得说！”韩先楚快人快语，“二十五师打得多过瘾啊。要说声开打，眼下战士们还是嗷嗷叫的。”

“只要能补充上枪支弹药，我就敢带部队和敌人拼到底！”胡奇才说。

“好！”萧劲光点点头。大敌当前，要的就是这股士气。

萧劲光踏着没膝的雪来到拐磨子指挥所。他听张参谋介绍说，这里一个独立第七师，是以三五九旅的一部分骨干为基础扩编的，在当时吃穿住行都极端艰难，地方部队纷纷哗变、叛逃的情况下，他们始终坚守着。

师长彭龙飞赶来见萧劲光。他穿着一件破棉袄，一顶破棉帽，脚上一双靰鞡草鞋，进门便带进一袭砭骨的寒气。零下三十几度的酷寒，一个师长尚且如此褴褛，可想整个部队是个什么状况。

“说说吧，部队的困难有多大？”萧劲光问道。

彭龙飞挽起裤腿，露出里面绑着的靰鞡草，哽咽着说：“萧司令，部队百分之三十的人没有棉衣，百分之八十的人没有棉裤；没有房子住，就钻地窝；没有钱，吃不饱饭。已经有十几个战士冻伤了，非战斗减员太多了……我心疼啊，再这么下去可怎么得了……”

萧劲光也强忍着心疼，命令张参谋立即到管理处领出五十万元北满票，连夜赶去给彭师解决一些实际困难。他留彭龙飞吃晚饭，临行前鼓励道：“告诉部队，有困难要咬牙挺，南满要坚持住，还要做好打仗的准备。我们要在战斗中尽快打开这种艰难局面。”

这一夜，萧劲光在床上翻来覆去，难以入眠。屋外凛冽的狂风抽打着冰天雪地，也牵动着他的思绪。南满的局势如果不尽快改变，部队要垮，根据地也要丧失，东北的整个战局也会更加严峻。

事不宜迟。萧劲光看望了因病卧床的陈云，把多日来反复思考的以军事反“清剿”为主，积极防御，跳出敌人的包围圈，深入敌后，以有力的外线作战伺机消灭敌人的作战方案，向陈云作了汇报。

陈云听了萧劲光的意见，说：“战争可以改变形势。要给大家说说清楚，做做工作，打打气，无论如何我们也要坚持南满。关于作战方案，军事方面我不懂，具体的作战问题，你就大胆地决定吧。”

12月11日，辽东军区司令员萧劲光在七道江主持召开了师以上干部参加的军事会议。七道江也因这次会议而著名。会议的中心议题，就是“坚持还是放弃南满”。

萧劲光先拔头筹。他讲了三点：“南满必须坚持；南满能够坚持；立足战争，以战求存。”

最后，他斩钉截铁地说：“南满一定要坚持，但要有拉锯战的思想准备，要像武松打虎一样，来它几个回合……”

“武松打虎？……行吗？”各级指挥员骚动了。

“部队没吃没喝的，拿什么打虎呀？武松打虎，还有个小酒馆，喝了它十八碗呢。我们呢？光喝西北风吗？”

“南满不能坚持了，再这样坚持下去，就真到鸭绿江去喝水，到朝鲜去留洋了。我们应当保存实力。”

“留得青山在，不怕没柴烧。”萧华也同意先撤退，然后再打回来。他认为眼下环境太险恶，应该考虑必要的退却。

暂时撤退的意见占了多数，具有一定代表性。走与留的天秤几乎一

边倒。正相持不下之时,作战科科长岳天培送来了敌情通报:

敌先头部队已达梅河口和集安!

师长和纵队司令员们把目光齐刷刷投向了萧劲光。

大战在即,萧劲光反而冷静下来。军事指挥员的使命在战场。但此刻,会场重于战场,不解决认识问题,即使开打也是糊涂仗。他立即命令三纵、四纵的师长们马上返回部队,做好迎敌作战的准备,政治委员留下,统一认识后把决议带回部队。

形势逼人,时不我待。陈云也连夜从临江赶到了七道江会场。留下的同志一看陈云来了,就知道他是来拍板的。当他主动请缨来南满任分局书记和军区政委时,东北局就决定了在扭转南满局势的重大问题上他的决策地位。

在举足轻重的关系到黑土地战略全局的紧要关头,陈云一改学者的儒雅,毫不犹豫拍了板。

"东北的敌人好比是一头牛,牛头牛身子是向着北满去的,在南满留下了一条牛尾巴。如果我们抓住了牛尾巴,那就了不得,敌人会进退两难;假如我们松了牛尾巴,那就不得了,敌人就会横冲直撞,南满保不住,北满也危险。因此,抓牛尾巴是个关键。只要我们守住南满,就不会失去犄角之势,就可以牵制敌人的大批部队,使他们不能集中力量去打北满。根据敌人在南满的兵力部署,我相信坚持南满,死死抓住牛尾巴,是完全可能的!"

陈云的话虽不多,但意味深长,最后他强调:"南满一定要坚持,三、四纵队都留下,一个人也不走,要坚持到胜利!"

在斗争的关键时刻,陈云一锤定音。从此,一场坚持南满军事斗争的话剧鸣锣开场。

出任这出活剧总导演的,正是辽东军区司令员萧劲光。

四保临江出奇兵

七道江会议结束,战争随即来临。

1946年12月17日,杜聿明集中六个美械装备师,由郑洞国坐镇通化指挥,向岌岌可危的南满根据地发动进攻。

面对敌人三面重兵包围之势,萧劲光反复思考着,这仗该怎么打?部队在节节退守之后,已到了背水一战的境地,可南满根据地太小,兵力难以施展,而如果首战失利,则部队将元气大伤,士气严重受挫。因此,此仗不打则已,要打必胜才行。

兵贵造势,乘隙歼敌。萧劲光在分析了敌我双方的情势后,果断制定了作战方针:"正面与敌后两大战场密切配合,内线作战与外线作战相结合,运动战与游击战相结合。"

萧劲光把出击敌后的重任交给了敢打善拼的第四纵队。

但是,要在重兵围攻之下杀入外线,与内线互为犄角,使敌腹背受制、首尾难顾,谈何容易!

萧劲光到准备出击敌后的四纵,亲自作战前动员。

"同志们,你们担负着围魏救赵的任务。目前的局势是严重的,敌人气焰嚣张,我们要避开敌人锋芒。你们的任务就是要跳出敌人的包围圈,到外线去打敌人的屁股,在他的身后闹个鸡犬不宁,让敌人不得不分兵,给内线作战创造条件。这就是内线中的外线作战,防御中的进攻战,矛盾的统一。同志们,这场战役能否取得胜利,希望就寄托在你们身上,这一步走成功了,南满这盘棋就活了。"

四纵在司令员胡奇才、副司令员韩先楚的率领下,果真跳出敌人的包围圈,像一把利剑出其不意直插敌后,不出十天,连连出击告捷。

"永桓公路以东地区已被我军收复。"

"八河滩、大清沟以北地区已被我军占领。"

"四纵已向清河城、碱厂、赛马方向奔袭。"

四纵在敌后频频做手脚,靠的是一双铁脚板。有时一天七八十里,有时一百多里,不停地走,不停地打。番号也经常变,今天叫"江南部",明天叫"黄河部",还给自己升官晋级,团长叫"师长",师长叫"司令",迷惑得敌人不知从哪冒出那么多的"共军"主力,很快就打乱了敌人的部署,造成敌人后院失火,迫使郑洞国将进攻临江的两个师调回来应付四纵。

1月5日,林彪调集北满主力第一、第二、第六纵和三个独立师,越过松花江,一下江南围点打援。先在张麻子沟和焦家岭将来援的新一军两个团歼灭,又攻克了敌其塔木据点。

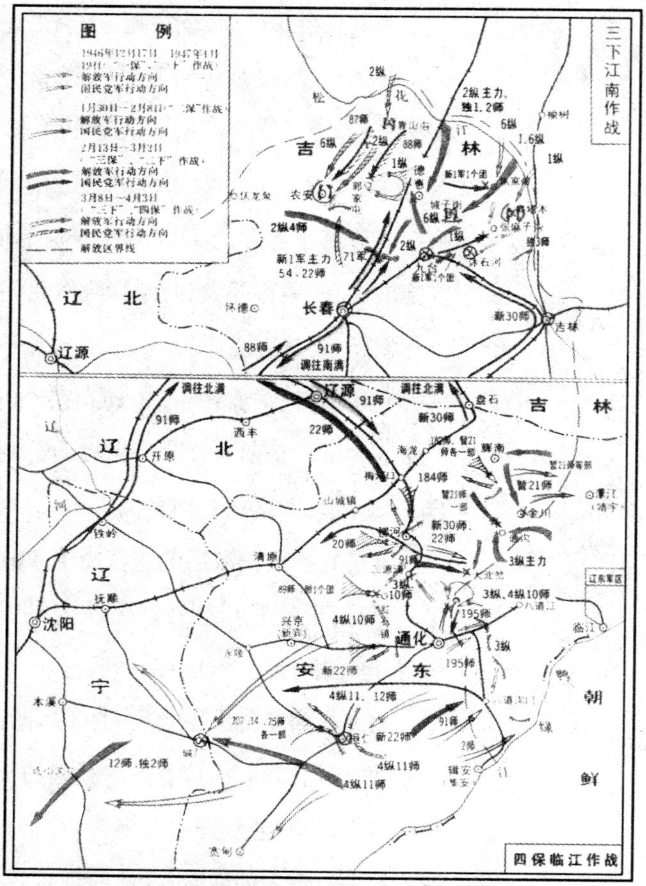

杜聿明得知林彪主力南下,北满兵力空虚,又调出一个师北上,欲解燃眉之急时,林彪已令部队撤回江北休整。

1946年12月至翌年4月,萧劲光指挥了著名的四保临江战役。在北满部队三下江南作战的配合下,他率部连续击退国民党4次进攻,歼敌3万余人。此为战役经过要图。

正面敌人压力大大减轻之后,指挥内线作战的萧劲光仍感胜无把握。他虽身经百战,指挥过千军万马,但此次战斗非同以往。他刚到南满才十几天,尚未知己知彼。

远处的枪炮声不断地传来,撩拨着萧劲光那颗紧张的心。他扭头对岳天培说:"准备车子,去七师。"

萧劲光乘着那辆中吉普从七道江开到拐磨子,一路大雪没膝。几次车子抛锚,快晌午时分才赶到第七师。

七师是三纵的主力师。师长邓岳是个有仗打就不要命的人。政委李伯秋是个大学生，聪明能干。萧劲光把最艰巨的任务交给了他们。

部署尽管很周密，然而敌人也很狡猾，三纵部队与敌稍一接触，敌人便察觉到来者不善，拔腿就跑，只歼敌一小部。但通集线被我切断，集安敌第二师倾巢向北调动。

“该轮到我们会餐了，命令部队，吃掉敌人的二师。”萧劲光下了决心，随即签发了一个周密的运动作战命令：

令四纵主力进攻集安，调动敌二师回返，一旦敌二师后顾回返，七师便在白杨木桥子、八师于天桥山截击残敌，九师向通化警戒。

战斗一打响，敌二师果然调头向南，被第七师在白杨木桥子截住，与其展开激战。

萧劲光驱车赶往八师警戒地，看到第八师正在埋锅做饭，尚未出动。萧劲光一见此状，火冒三丈，吼道：“把你们师长叫来！”

八师师长左叶跑步赶来了。

“你是怎么搞的？七师在前面啃骨头，你倒好，带着部队真的要在这里吃肉了！马上停止做饭，给我上去，迂回到敌人背后围歼残敌。放跑了一个我拿你是问！”

左叶一个立正，赶紧组织部队开拔。没多久，作战参谋岳天培送上了八师发来的电报：敌人没有追上，逃了。

“废物！”萧劲光火了，“吃饭吃饭，什么时候还吃饭！敌人会等你吃完饭吗？一点向纵深发展的意识都没有，还打什么仗！”

发完一通火，萧劲光叫上岳天培和参谋张伯禹，又跳上了中吉普，亲自去勘查战况。

车子疾行，转过道道山脊，前方沟内弥漫着浓浓硝烟，横七竖八的尸体多是敌人的，四处散落的美式步枪、机枪和日式三八大盖，却不见七师部队的踪影。

“奇怪，难道我们打胜了？”萧劲光自言自语。

这时，前方传来一阵密集的枪声。就像一副兴奋剂，令萧劲光浑身一震。

“快,再往前开,向有枪声的地方追!”他命令。

中吉普的后座喷出一股黑烟,继续向前飞驰,很快就碰上了救护队。

“你们的指挥所在哪里,师长在哪里?”萧劲光急切地大声问道。

伤员艰难地抬起身来,朝前指了指方向。战场瞬息万变,他也说不清楚指挥所在哪里。

“开车,往前开。快!”现在还不清楚七师的战况,萧劲光心急火燎。

车子一路颠簸开去。远远的,有人骑着马朝这飞奔而来。到了近处,萧劲光看清了,来的正是七师政委李伯秋。

“好你个李伯秋啊,可找到你了!你们都跑到哪里去了?前面战斗情况怎么样?”萧劲光从车中探出身子问道。

李伯秋翻身下马,一身风尘。他满是汗水的额头冒着热气,异常兴奋地朝萧劲光行了个举手礼。

“报告司令员,战斗马上就要结束,敌人被我全歼,部队正在打扫战场,师长还在前边,让我回师部向军区汇报。战场的情况变得太快,部队追击得太急,电台都没来得及带上。”

“好哇!打仗嘛,就要因时因势而变。”萧劲光沉沉地坐在车座上,“太好了,太好了!”他如释重负,这一仗终于打胜了。

一保临江,首战告捷。而这,只是序幕。

林彪的北满主力撤回松花江北后,杜聿明又腾出手来二犯临江。1月30日,杜聿明命令赵公武指挥四个师的兵力向南满出击。

辽东军区司令部里,岳天培送来了敌情通报:“敌五十二军一九五师由通化先期出动,企图由北迂回六道江,配合二师、新二十二师向临江进攻;二〇七师驰援一九五师;暂二十一师向金川、蒙江地区扫荡。”

萧劲光盯着墙上的地图思索着:号称“常胜军”的敌五十二军一九五师仗着美式装备,孤军冒进,然我不能只图防御而放弃寻找敌人的弱点发动进攻。

“敌二〇七师在什么位置？”

“在新宾。”岳天培回答，“此处离敌一九五师的位置有两天的路程，如果敌二师、新二十二师增援一九五师，最快也得赶三五天的路。”

“好，那我们就先吃掉一九五师这块肥肉。”萧劲光兴奋地用红笔在地图上重重地画了一个红圈，“就在这，高丽城子。”

拂晓，尚在睡梦中的敌一九五师受到了猛烈攻击，营中顿时大乱。遗憾的是，我军缺乏重武器，火力不够猛，敌军在顽抗之后，稳住了阵脚，借山炮营的掩护，拼死向西南通化方向突围。三纵咬着敌人的尾巴，一路追歼了两千余人。敌一九五师免遭围歼，却慌不择路地丢掉了所有火炮、汽车等辎重，刚出师便当了一回运输大队长。

“萧司令，三纵报告，来增援一九五师的敌新六军二〇七师三团还在全速疾进。”岳天培报告了三纵截获的敌电话通讯记录。

“好哇，杜聿明又给我们送来一块肥肉，我们不美美地会个餐，岂不辜负了人家一番美意。”萧劲光笑着说完，随即对岳天培指示，“命令三纵调整部署，不惜一切代价，全歼敌二〇七师三团。”

三纵主力挥师北上，围住了还在为与一九五师联系不上感到困惑的敌第二〇七师第三团。未等敌人理清头绪，三纵快刀斩乱麻般向敌阵地发起强攻，一举消灭了敌三团(欠一个营)，及保安团一部，近两千人。

捷报传到了指挥部。

“我看，二保临江的胜利，应该给杜聿明记头功。”萧劲光说。

杜聿明十分恼怒。他无法理解四个全套美式装备的师，作战中却处于劣势。“共军”不打时四处运动，让你无法捕捉战机；而“国军”一旦露出破绽，他们就蜂拥云集，居局部的战区内兵力、火力的绝对优势。如此这般，“国军”焉有不败之理。

杜聿明把这种情况归咎于战场指挥官的无能。他决定亲自出马，欲与萧劲光为首的南满“共军”诸将比个高低。

2月16日，杜聿明指挥第七十一军第九十一师，新六军第二十二师，第五十二军第二师、第一九五师、暂第二十一师，共五个师，三犯临江。

其部署是：九十一师、二师正面进攻，一九五师、新二十二师随后增援,暂二十一师在左翼向通沟方向助攻。

杜聿明认为,只要整师出动,“共军”难以啃动,于是将暂二十一师单独放在北部,作为诱饵,待“共军”去包围时,调集主力予以致命一击。

而此刻,已掌握敌军动向的萧劲光正带着作战科的几名参谋,乘着中吉普来到了三道江一个炮兵营里。那一夜,萧劲光辗转反侧。

如何出其不意?……杜聿明此番用兵可说是老谋深算了。可他的如意算盘得靠我们去拨拉。显而易见,杜聿明将暂二十一师独掷一处,是想作为诱饵引我上钩……上钩?这些年的作战经验告诉萧劲光,一个作战方案的最得意处,恰恰是最容易失算处;而失算处,又正是导致战场失利的薄弱环节……

但是,大冒冷汗的仍然是杜聿明。

出师仅两天,作为诱饵的暂二十一师,被萧劲光指挥的三纵和四纵十师,在通沟将两个主力团干干净净地吞下了肚。杜聿明急红了服,急令各师撒开网,将“共军”围而歼之。战斗命令一下,各师不敢怠慢,即拔营而去。

不料,萧劲光避其锋芒,指挥三纵和四纵十师,从侧翼向正面进攻的敌九十一师和二师发起猛攻,切断了九十一师二七二团与该师师部的联系,一鼓作气全歼了像只无头苍蝇、在冰天雪地瞎撞的敌二七二团,及直属工兵营和特务连。

杜聿明简直要气疯了。他真不知道萧劲光到底使的是哪家兵法,打诱饵之敌分明是兵家大忌,他却敢于一意孤行,投以重兵围而歼之;“国军”正面主攻之阵最为强悍,他竟然统兵,敢在老虎嘴上拔牙!

没等这位东北剿总琢磨透萧劲光演兵布阵的套路,2月22日晚,三纵和四纵十师又向敌九十一师、一九五师残部发起强攻,击毙一九五师少将副师长何世雄。

在杜聿明接到临江方面惨败战况的同时, 北面七十一军来电告急:

林彪十五万大军二渡松花江，南下包围了德惠城。

杜聿明顿时慌了手脚，顾不上收拾南满的残局，急调新六军第二十二师北上增援孙立人。

然而此刻，骑马在德惠城外绕城一圈的林彪，在权衡了利弊之后，挥了挥马鞭，命令十万大军："撤！"

三保临江，以敌五个师被打垮三个、毙伤敌近万人而告终。

三犯临江一败涂地，杜聿明却在报纸和电台上大肆宣扬赫赫战果，并一封电报向南京的蒋介石表功："德惠大捷。歼灭共军十万人。"

许久没有听到好消息的蒋介石欣喜若狂，一面通电褒奖杜司令长官的功绩，一面越过杜聿明，直接命令新一军、新七十一军乘胜追歼江北"共军"。

敌新一军、新七十一军在一个空军大队的配合下，分路北进，七十一军一部已越入松花江以北。

杜聿明深知自己玩的这套掩耳盗铃的把戏，只能蒙住远在南京城内的蒋介石，却骗不了江北的林彪和江南的萧劲光。他连夜打电话给孙立人和陈明仁，命令他们速速撤回。可这两位出了名的远征军大将，捏着蒋委座的手谕，哪里肯依，执意越过松花江，与林彪所部决战。不料，林彪统率大军杀了个回马枪，三下江南一路奔袭，在郭家屯地区将敌七十一军八十八师全部和八十七师一部歼灭。

3月29日，趁松花江解冻，北满"共军"无法越江南下之机，杜聿明命令郑洞国亲赴抚顺营盘车站，指挥七个师的兵力，并使用了刚从热河调来的精锐部队第八十九师，摆开宽大阵面，发动了第四次大规模进攻，企图与临江南满"共军"决一死战，一口吞掉南满主力，实现"先南后北"的战略意图。

辽东军区的作战室在紧张工作着。这一夜，萧劲光也通宵未眠。新的作战方案已经上报东北局了，一经同意即可部署。这将是一场恶仗。敌人将七个整师的兵力压向临江，其中还有特地从热河调来的王牌军第八十九师，看来真是孤注一掷了。而我部队只有四个主力师，每个师平均仅六千人。部队连续作战，没有得到休整和补充。从兵力上看，敌我力量悬殊，但敌兵力平均分散，暴露了后续不足的弱点，为我军重创来犯之敌提供了有利条件。萧劲光和陈云商量过，决定召开一个分局、纵队以上干部会议，分析研究面临的战争形势和任务，统一思想。

翌日下午，萧劲光收到了东北局发来的电报，同意了他们的作战方案，并重申了"坚持南满"的方针。

围绕迫在眉睫的战役，陈云在临江主持召开了南满分局和辽东军区干部会议。萧劲光在会上作了"树立坚持南满军事斗争的正确思想"的报告，针对部队的思想状况，提出要处理好几个方面的关系：

一是胜利与牺牲；二是"啃骨头"与"吃肉"；三是胜利与疲劳；四是奖与罚；五是战术技术与政治思想。六是军队与群众。

会议经过充分讨论，一致认为：无论战争多么残酷，也要坚决地打下去。只能胜利，不能失败。

陈云在会议小结时说得很明确，准备付出四分之三或五分之四的代价，把敌人牵制在南满。要准备打大仗、恶仗、硬仗。只要有利于全局，南满作出牺牲是有价值的。

"作这样的决定后不后悔啊？"陈云在会上反复问大家，"不后悔就要准备承担责任啊。"

大家一一表了态："不后悔！"

"好！"陈云把桌子一拍，诙谐道，"我们学上海交易所的规矩，再次成交啦！"

"那好，下面我再讲讲战斗的具体部署。"萧劲光走到地图前，"这次我们要捉蛇先捉头，集中我军七、八、九三个师的兵力，先打主攻之敌，就是刚从热河调来的气焰嚣张的八十九师……"

敌五十二军八十九师是蒋介石的嫡系部队，抗战中曾参加过远征作战，战功卓著，装备精良。在萧劲光的部署下，曾克林、韩先楚指挥三纵和四纵十师，以少数兵力将中路冒进的八十九师和五十四师一六二团，诱至预设战场，以一部迂回敌八十九师侧后，断其退路，一部从两翼割裂八十九师与两翼的联系，于4月3日清晨四面合围，随即发起总攻，全歼敌八十九师及五十四师一六二团，俘敌七千余人，打破了敌整个进攻计划，其他两路之敌不战而退。

将军领兵，贵在方略。四保临江这一著名战役，是军事上的杰作。它的作者，也可谓是"武林高手"，不愧为"打虎"之"武松"。此一役的胜利，将南满国民党军这只虎死死拖住，使之欲罢不能，欲去不得，而只能渐渐被拖瘦、拖垮，为东北战略态势的转变起了关键的作用，成为东北解放战争的一个战略转折点。

兵临城下，血红雪白

1948年9月，秋风习习。长春城外西南二十里的四家子村，历史性地成为解放长春战役的指挥中心。

很多人看过电影《兵临城下》，然而，这部电影与萧劲光的关系，却鲜为人知。其实，《兵临城下》正是以解放长春的围城战斗为背景的。

那还是年初之时，随着东北战场上夏季、秋季、冬季攻势的展开，东北的整个战局发生了根本的转变。我军由战略防御转入战略进攻，而国民党军则由战略进攻转入战略防御，收缩在沈阳、锦州、长春三个战略支点上。

3月13日，东北解放军攻占四平后，长春就孤悬在松辽平原上，处于我军四面包围之中。困守孤城的主要是新七军和第六十军，以及第一兵团直属部队、长春警备司令部所属部队、新一军留守处部队、青年教导第一团、吉林师管区、联勤第十六兵站支部、驻长春空军站，此外还有一些地方保安部队，共十万余人。

长春位于东北腹地，是贯通中长路、长图路及东北境内各铁路线的交通枢纽，战略地位十分重要。东北沦陷后，伪满洲国曾以这里作为其"首都"。日本占领时期，城内街道及近郊修筑了许多永久性、半永久性的工事，如碉堡、壕沟、坑道、瞭望台等。国民党军队占据长春后，于1947年秋季起,又环城构筑了许多钢筋水泥地堡,并用战壕将其联系起来,使整个长春在日本侵略军遗留工事的基础上,形成了现代化防御体系的城市。仅中央银行周围修筑的永久性工事就有一百五十多处。

此时,困守长春的国民党军队,除城郊仅有的大房身机场外,与外界的一切陆路联系均被切断。城内粮食、燃料匮乏,军队士气低落,民众惶恐不安。为固守长春,减轻沈阳、锦州方面的军事压力,蒋介石命令东北"剿总"副总司令郑洞国立即由沈阳飞往长春,就任第一兵团司令兼吉林省政府主席。郑洞国的一些朋友和身边的幕僚都劝他不要接受这项危险的使命。郑洞国明知此次赴长春收拾残局,无疑是死路一条,但还是"临危受命,义不容辞","明知不可为而为之",于三月中旬来到长春,着手整顿防务,"加强工事,控制机场,巩固内部,搜购粮食"。

在中共东北局进行新的作战部署的军事会议上,萧劲光被任命为东北民主联军第一前线指挥所司令员。

当萧劲光受命将指挥所移到长春城外五十里的李家屯时,的确是准备去打一场攻坚战的。冬季攻势之后,东北主帅林彪就开始谋划打长春。5月24日,萧劲光指挥一纵和六纵,由东、西、南三面试攻长春。攻击西郊大房身机场的部队消灭了守备机场的敌暂五十六师一个团,防守长春西门至机场一线的该师其余部队也损失惨重,残部仓皇退入城内。

丢失了机场,长春与沈阳唯一的空中交通也彻底断绝。长春成了一座死城。

根据中共中央和东北局的指示,以萧劲光和萧华为首的围城指挥所将强攻长春改为久困长春,牢牢牵制住敌人,支援锦州战役。

一晃,兵临城下已三个月。萧劲光的围城指挥所改称第一兵团。兵团司令部向前移动三十里,搬到了四家子村,距长春城仅二十里地。长春城内城外,双方各十万大军对垒。战场主帅,一个是萧劲光,共产党东北人民解放军副总司令兼第一兵团司令员;一个是郑洞国,国民党东北"剿总”副总司令兼第一兵团司令。

双方主帅官职对等，所属兵力实力对等。但士气却有天壤之别。

“金汤之固，非粟不守；韩白之勇，非粮不成。”

郑洞国深知其中奥秘。萧劲光亦谙熟此兵家之道。

1948年5月至10月，萧劲光率部围困长春，迫使国民党守军起义、投降，和平解放长春。图为萧劲光（中）、萧华（左）会见率部起义的国民党第六十军军长曾泽生（右）

萧劲光率围城部队一改过去的远困为近逼，用每五十米一个人的密度，组成两道防线，将包围圈缩小到一百里左右，双方火线距离，远处不过一千米，近处仅一百米，彼此吃什么饭都能看见，给长春箍上了“铁钳”。兵团指挥所的口号是：“不让一粒粮食落在敌手，不让快要饿死的敌人复活！”

部队抽出十分之一的兵力，五分之一的牲口和大车抢收粮食，先前沿，后后方，熟一块，割一块。最前沿由部队掩护，夜间抢收。快割、快打、快运、快藏，四快一光。给群众留下三个月存粮，其余全部运到后方。兵团首长也作了分工，司令员萧劲光负责军事工作，政治委员萧华负责政治工作，副政委兼政治部主任唐天标负责敌工工作。整个围城步骤就像一部运转有序的大机器。

郑洞国早已预感长期困守长春，粮食将是一个极为关键的问题。他上任伊始就抓紧储备军粮，城内搜，城外抢。几次派小部队出城抢粮，均被早已守株待兔的“共军”逮个正着，不仅粮食颗粒未得，还损了兵折了将,只好困守城内,再也不敢轻易出击了。

粮尽援绝,城内守军各部队指挥官和地方行政长官几乎天天来找郑洞国,要粮食,要燃料。郑洞国即使有三头六臂,也无力填饱十万守军的辘辘饥肠。无奈之下,只有再三恳请蒋介石和卫立煌增加空投。

城内守军每天正常耗粮十万斤,需要四十架次飞机才能保障。开始还有一二十架飞机来空投,以后减到每天三四架,一逢阴天下雨,任你电报频频也一概停飞。空投的那点儿粮食对于十万大军来说,简直杯水车薪,无济于事。最让守城官兵气恼的是,沈阳的飞机一来,城外的高射炮就开火,飞行员不敢低飞,在高空盘旋一阵,慌乱将食品投掷下去,就掉转机头回去交差了。不少粮食投到了围城部队的阵地上,城内的官兵眼巴巴地看着对方一张领条也不用打,尽数没收,简直气断饥肠。

城内倒是有空投指挥所,负责收集分配空投的粮食。可降落伞还没落地,就早已引来了成批饥饿难挨的军民蜂拥抢夺,甚至发生了武装械斗。郑洞国亲自下令:“倘有不顾法纪仍敢擅自抢藏者,一经查获,即予就地枪决。”

此令能毙他几个胆大妄为者,但能阻挡住饿得两眼发绿的军民吗?

粮源断绝,城内存粮日益减少。为了糊口生存,战马杀光了,杀狗,捉猫,捉老鼠,打鸟。天上飞的,地下走的,凡是可以填充饥肠的东西,都成了捕捉对象。这时候,一些粮食奸商囤积居奇,粮价一日数涨。四个月上涨近九百倍!再后来,干脆有价无市了。

长春围困战前,城内居民为五十万左右。战后,只剩下十七万人。

此时坐在兵团指挥所里的萧劲光并不轻松。他知道,战争不一定只意味着炮火、冲杀和流血,它完全可以表现为另一种方式:兵不血刃。可兵不血刃的结局,却是百姓的生灵涂炭。从内心讲,他不喜欢眼下这种旷日持久的困而不攻的战役。他打仗喜欢快刀斩乱麻。

两军对垒数月,对那个顽固不化的对手郑洞国,萧劲光心情颇为复杂。他早就听说过郑洞国这个人。大革命时期在广州，他在黄埔军校《青年军人》刊物登载的一篇报道东征淡水战役的文章里，读到过这个名字。后来又听周恩来谈起他，说郑洞国忠于事业，严于律己，宽以待人，为人处世不俗……

然而这几个月的对峙，长春变成了不折不扣的死城，饿殍之城，白骨之城。投诚敌人已达一万三千七百人之多。

围城部队从上到下都知道，作为第一兵团的两名主官，萧劲光和萧华二人一武一文，配合默契。在军事围困和经济封锁的同时，萧华领导的政治工作显示了巨大威力。在围城部队第一次政治工作会议上，萧华大讲《三国演义》，用孔明"心战为上"的谋略作为政治攻势的动员主题，提出了"攻心为上，攻城为下；心战为上，兵战为下"的口号，开展了群众性的对敌宣传工作。八月份以来，他又领导连续开展了两次强大的政治攻势，各围城部队八仙过海，各显神通：到前沿阵地喊话的，撒宣传单的，送慰问品的，请"国军兄弟"过来吃饭的……应有尽有。新七军是蒋介石的嫡系部队，一贯骄横，开始很少有人投诚，萧华率领部队针对敌人的厌战思乡心理进行宣传喊话，颇有成效。

"投诚的敌人中新七军的也多起来了。这个顽固的乌龟壳总算给撬开了。"萧华说。"我们还有计划地派遣了一部分投诚官兵回去工作。"

"有没有反馈？"萧劲光感兴趣地问道。

"多得很呐，唐天际那里，每天都有送情报的，而且很靠得住。"

眼下是军事、政治、经济三箭齐发，还怕长春这个堡垒攻不下？

城外兴高采烈。城内的郑洞国却每天都像坐在火山口上。城内缺粮，饿殍横尸街头；嫡系与非嫡系部队矛盾重重，大有火并之势。他感到山穷水尽了。对手萧劲光是何样人物，他领教过。三犯临江的时候，他是进攻的组织指挥者，他从那次失败中，深感这个对手是个战略战术意识都很强的人，一个军事方面的行家。如今时过境迁，他郑洞国成了被进攻的对象。他做过多次努力，组织过数次突围，却都没有成功，看来他与萧劲光斗法是必输无疑了。

本来在九月初，东北"剿总"曾有由沈阳派出几个军的兵力北上四平,接应长春守军突围之议,使郑洞国在绝望中有了一丝希望。但很快在东北解放军发起的辽沈战役中化为泡影。郑洞国很清楚,目前等待援军已无可能,再拖下去只有全军饿死、困死。

“不成功,便成仁吧。”郑洞国长吁了一口气。

参谋长杨友梅进了屋,小心翼翼地递上一份电报。

“钧座,总参谋部来电,锦州吃紧,要我们立即突围向东靠拢,支援锦州。”

郑洞国心里却一片悲凉。

突围?谈何容易。他手下的部队病的病,死的死,逃的逃。军心涣散,体力衰弱,靠什么突出重围?总参谋部那帮家伙只会逢迎拍马,居然还要我们支援锦州!郑洞国只说了两个字:“执行。”

事到如今,郑洞国只能甩出最后一张王牌,做最后一次尝试,乘“共军”主力南下锦州之时,强令新七军和六十军向长春西北方向攻击,收复大房身机场,在飞机接应下突围。

情报很快送到了萧劲光的桌上。

——郑洞国在洪熙街察看地形……

——敌部每人发了三天口粮……

——敌人连续几天演习夜行军、急行军,将走不动的马统统杀掉……

——敌军官家属集中于海上大楼……

“敌人很可能狗急跳墙。”萧劲光对参谋长解沛然说,“我们带几套西北方向的反突围方案,到伯钧那里去一下,研究一下作战方案。”

“这次敌人突围肯定是孤注一掷,估计兵力不会少。我们的‘刀子’是插得深一点好,还是浅一点好?”萧劲光伸出手做刀状,边打手势边说,“如果插得深,把部队全调上去,固然可以一次多截击敌人。但是,就像流水一样,突然截住了冲力也大,敌人可能漏网也多。”

屋里鸦雀无声,大家静心听着。

“如果插得浅一些,梯次配备,从正面和侧面两个方向打击敌人,一个梯次消灭一部分敌人,放过一部分敌人,由第二梯队再解决一部分,余下的敌人留给第三梯队的部队去解决……”

“对,把敌人放进来打,这样既能减轻一线部队的压力,又可以让每个梯队的部队过把瘾。这好几个月没打个像样的仗,部队早就嗷嗷叫了!”

“要争取不让一个敌人漏网!”萧劲光最后强调。

果然,敌全副美式装备的新七军第三十八师在突围中遭到惨败,郑洞国最后一次突围的希望落空了。

10月15日,东北解放军攻克锦州,整个东北国民党军队的陆路退路被切断了。10月16日上午,蒋介石再次派飞机到长春空投下一道措辞十分严厉的“国防部代电”,命令郑洞国率部突围。

郑洞国明知突围已不可能,但作为军人又不能不服从命令。

然而,10月17日,第六十军军长曾泽生率部起义。同时,萧劲光的第一兵团入城部队占领了长春城东半部的第六十军防地的制高点,居高临下,控制了整个长春城。

五个月的围城之战终于打开了缺口,取得了重大进展,但萧劲光和萧华坐在指挥所里,仍不敢有丝毫的松懈。他们知道,六十军起义后,新七军的军心大乱,各级军官通过各种渠道和解放军联系,探风声,摸底细,有些前线的连队干脆打通了壕沟,到解放军的阵地上吃饭来了。只有抓紧工作,争取新七军起义,才能达到和平解放长春的目的。

此时,军委副主席周恩来用特急电,送来致郑洞国的一封信:

洞国兄鉴:

欣闻曾泽生军长已率部起义,兄亦在考虑中。目前,全国胜负之局已定。远者不论,近一个月,济南、锦州相继解放,二十万大军全部覆没。王耀武、范汉杰先后被俘,吴化文、曾泽生相继起义,即是证明人民解放军必将取得全国胜利已无疑义。兄今孤处危城,人心士气久已背离;蒋介石纵数令兄部突围,但已遭解放军重重包围,何能逃脱。曾军长此次举义,已为兄开一为人民立功自赎之门。届此祸福荣辱决于俄顷之际,兄宜回念当初黄埔之革命初衷,毅然重举反帝反封建大旗,率领长春全部守军,宣布反美反蒋、反对国民党反动统治,赞成土地改革,加入中国人民解放军行列,则我敢保证中国人民及其解放军必将依照中国共产党的宽大政策,不咎既往,欢迎兄部起义,并照曾军长及其所部同等待遇。时机急迫,顾念旧谊,特电促速下决心。望与我前线萧劲光、萧华两将军进行接洽,不使吴化文、曾泽生两将军专美于前也。

周恩来

十月十八日

“机要科长,立即抄清送到解参谋长那里,让他设法派人立即送进城去。”萧劲光见机要科长领命走了,又对萧华说,“周副主席亲自出面劝降了。他和郑洞国私交不浅,郑洞国或许能回心转意。”

“要那样就太好了,长春城可以兵不血刃,和平解放了。可是也不敢过于乐观,郑洞国这个人好面子,又固执……”

萧劲光与萧华相视而笑。

此时的郑洞国料到“气数将尽”,唯有以杀身成仁来保全自己的军人气节了。

19日上午,新七军经与解放军方面接洽,全体官兵自动放下武器。地方保安部队也相继向解放军集体投诚。只有兵团特务团还据守在中央银行大楼内抵抗,成了解放军重重包围中的一个小小孤岛。郑洞国成了孤家寡人。

10月20日夜十一时,郑洞国给蒋介石拍发了最后一封诀别电报。然而他不知道,此时除了他自己还想着以死尽忠外,包括他的参谋长杨友梅都在另作打算，私下为郑洞国精心安排了一个体面投降的方案，暗自派人与解放军联络去了。

萧劲光得知郑洞国要体面投降，立即决定，接受郑洞国的条件，等候两日，商约21日晨接收中央银行大楼。

兵不血刃。长春城和平解放的日子即将来临。

在这两天中，萧劲光布置了整个长春城的卫戍工作，检查了最后准备接收中央银行的独七师，向师长交代了任务、纪律。21日凌晨，他叫上岳天培驱车绕城一周，最后来到离中央银行大楼几十米远的临时指挥所。

凌晨四时，中央银行大楼突然响起一阵激烈的枪声。难道是郑洞国又在耍什么花招？他们继续前行，枪声再没响过。等他们到了中央银行大楼的时候，楼上已经摇出了白旗，接收部队占据了大楼的制高点，架起了机枪。

郑洞国率守军鱼贯而出，身后留下一片狼藉，焚烧未尽的文件纸片、带不走的衣物书报、吃剩的马骨头架……

两位将军也是两个对手终于碰面了。

萧劲光在车上。

郑洞国在车下。

一时无话。此时此刻，萧劲光突然觉得好像失去了一些什么。是什么呢？

军人啊军人……

时至20世纪80年代，在一次全国人民代表大会上，时任全国人大常委会副委员长的萧劲光和任全国政协常委的郑洞国又一次碰面了。两位耄耋将军互致问候。当相互问询年庚时，才发现，两人竟是同年同月生，同是跨年属虎人。

“您年长我十天。”郑洞国说。

“我们真算有缘分。”萧劲光意味深长道。

这是后话。

第七章　决胜千里

★三湘四水故乡情

★智斗“小诸葛”

★两军对垒勇者胜

“大军官长,你的口音怎的和我们这样像？”不少老乡察觉到了这一细节。

“不要叫我官长,叫同志。我就是长沙人嘛,就出生在天马山的赵洲港喏。”萧劲光和蔼相告。

1953年3月摄于大连。左起：周恩来、萧华、徐海东、欧阳钦、萧劲光

三湘四水故乡情

1949年8月，饱受苦难的长沙人民敲锣打鼓地迎接着人民解放军第十二兵团。担任兵团最高首长的，是他们的乡里乡亲——萧劲光司令员。

长春和平解放后的第三天，萧劲光就接到上级的命令，率部队昼夜兼程赶向沈阳，参加辽沈战役的最后一战。接着，又率部队火速入关，解放平津。随即，他担任了人民解放军第四野战军先遣队司令，率十二兵团挥师南下，跨越长江，解放武汉，又来到长沙。

这是一股以排山倒海之势，雷霆万钧之力，奔腾向前的解放之洪流，荡涤着蒋家王朝的污泥浊水，把朝阳带给了所经之地的人民。

将军随大军进了小吴门。熟悉的街巷，热耳的乡音，一切都显得那样亲切。将军的眼睛湿润了。从他第一次离开家乡走上革命道路，已经整整二十九年。以后，虽然他曾经回来过几次，但每次都是来去匆匆。他记得他最后一次来长沙，是1930年，他受上海党中央派遣，到湘赣根据地工作。不料到长沙来找接头人时，接头人叛变了。他走街串巷兜了好几个圈子，才甩掉“尾巴”，找到了大哥的商号，要了大哥几张名片和一件长衫，化装成商人，在一个月黑风急之夜离开了家乡。这一去又是十九年。多少年来，他无时无刻不在思念着自己的家乡，思念着生他养他的这片苦难的土地。如今，他终于回来了。

1949年8月，萧劲光任湖南军区司令员，率部进入长沙，这是他在长沙与家乡群众亲切交谈

将军下了车，踏上曾经留下过他无数脚印的石板路，走着，走着。他得以自慰的是，他实现了自己的理想，他是带着翻身和解放的种子回到自己家乡的。

湖南省军事管制委员会很快成立了，萧劲光担任主任。百废待举，他忙得不可开交。他会见程潜、陈明仁等起义将领，安顿起义部队；他指挥部队打击敌特，肃清土匪，安定地方秩序；他派人接管政府、银行、交通、通讯、报刊等要害部门，着手建立自己的政府、金融、交通以及宣传喉舌部门；他广泛结交各方知名人士，了解城市基本情况，准备恢复长沙正常的生产、生活秩序……他还没顾得上回家，也没顾得上探亲访友。他委托秘书罗钰如先帮他打听一下，他的哥嫂们是否还健在。

将军每天东奔西走，为家乡人民谋福利，也在为抚育过他的家乡尽义务，他虽然做了“官”，但他没有忘记他是人民的儿子。他经常边走边体察民情。他忘不了他的哥哥们上街卖柴的艰难，他也忘不了他的母亲等米下锅的困苦。

1949年冬，萧劲光与湖南军区副司令员、原国民党军起义将领陈明仁(右)在长沙合影

“大军官长，你的口音怎的和我们这样像？”不少老乡察觉到了这一细节。

“不要叫我官长，叫同志。我就是长沙人嘛，就出生在天马山的赵洲港喏。”萧劲光和蔼相告。

没几天，“大军中的第一号长官是长沙人”的消息不胫而走。长沙的父老乡亲为之自豪。他们觉得，长沙出了能人，人杰地灵，他们也有份。

大嫂带着侄女找来了。萧劲光闻讯后，立即赶来相见。二十年沧桑，站在他面前的这位花白头发的老妇，他竟一时不敢认了。

“大嫂。”萧劲光恭敬称呼。

“满叔(萧劲光乳名‘满哥’),你大哥他过去了……”嫂嫂泣不成声。

萧劲光心里顿时一阵疼痛。母亲去世以后,他心里最重的就是这位大哥了。他觉得,如果没有大哥资助他上学、读书,他完全有可能走另外一条道路。长兄如父,他铭记着哥哥的恩情,总想有朝一日能够报答。可是,他也去世了。

他搀着嫂嫂坐下,劝慰着她。嫂嫂边擦眼泪,边诉说着近二十年的离别之情。萧劲光得知二哥、三哥同两个姐姐也都早已去世,兄弟姐妹六个,如今只有他孤身一人了。家里的房产早被不务正业的二哥卖掉,如今赵洲港已无萧家的后代居住。

“伯鳌有信来吗?”萧劲光关切地问。这是大哥的长子。

嫂嫂又放声痛哭起来。萧劲光心中猛地一沉。难道伯鳌牺牲了?

萧劲光特别珍爱自己的这个侄子。1937年底,在大批青年知识分子奔赴延安抗日救国的热潮中,高中毕业的萧伯鳌也只身奔赴延安,参加了革命,在留守兵团参谋训练班毕业后做了一名参谋。那是一个多么年轻又上进的小伙子啊。后来,萧伯鳌坚决要求上前线,找叔叔说的情,跟随王震同志的三五九旅支队南下了。从此,他们失去了联系。

“怎么,伯鳌他……”

“死得好惨哟……”嫂嫂泪如雨下。

原来,萧伯鳌南下到湖南以后,留在长沙做地下工作。去年由于叛徒出卖,被敌人捕去,严刑拷打,始终坚贞不屈。

“皮肉都打烂了,最后……给他们……活……活埋了。”嫂嫂泣不成声。

萧劲光低下了头,双手托住脑袋,他的心疼得发抖。

“太可惜了,太可惜了,那样一个好青年……”

他脑海里浮现出在延安时伯鳌的音容笑貌。他觉得对哥哥嫂嫂负疚:他们把一个活生生的儿子交给了他,他却没有把这个活生生的儿子再完满地还给他们。或许他当初应当让伯鳌遵守母命,半途而废地回家?或许他不该放伯鳌离开延安?不!为了革命的胜利,有多少革命先烈献出了他们的生命。正是有千千万万伯鳌这样的青年去流血牺牲,才有革命的胜利!应该为这样的好孩子骄傲。

萧劲光抬起头,缓缓地说:“大嫂,伯鳌牺牲了,我也很难过。但是他死得英勇,死得值得。我没有想到他这样坚强,在凶残的敌人面前这样勇敢。我们应当为这样的好孩子高兴。嫂嫂,要挺得住,党和政府都会永远记住伯鳌的。”他又拿出二十块光洋,“大嫂,这些年来,我总想报答你们的养育之恩,这点心愿一直没有实现。这点钱你先拿去买点米,添点衣服。以后我会经常接济你的。伯鳌的遗骨我一定要找到,把他葬到岳麓山,给他立碑,让后人记住他,向他学习。”

嫂嫂走了,将军的心久久不能平静。苦难的中国,苦难的人民,如若不解放,他们要苦到什么时候呢?为了解救人民的苦难去流血、牺牲,死得其所。

中国的天快要亮了,中国人民快要跳出苦海了。为了这,一定要把革命进行到底。

几天以后的一个上午,一辆吉普车乘渡船过了湘江,沿着岳麓山脚下的小路向南开去。车上坐着的是萧劲光,他还乡来了。如今,他是这三湘四水的父母官,然而却衣不着锦。他身穿一条黄布军裤,脚蹬一双方口麻底布鞋,手拿一把大蒲扇,唯一“时髦”点儿的,恐怕要算那件白细布的衬衫。车行至牌楼口,离赵洲港还有一里多路,他请司机停车。

“停在这里吧,前面不好走了,我们一路走去好了。”萧劲光说。

“可以开得进去,还是上车吧。”司机和警卫员都说。

“不!这是我的巢穴之地,我想走一遍。”

他大步走去,寻着他砍柴走过的羊肠小路,上了山。快二十年了,山上的茅草没膝,丛林蓊郁,橘子树更是枝繁叶茂,果实累累。

远远的,有一个砍柴的老乡。萧劲光走上前去,想看看是否认得。

“哦,周菊生,菊头子。”他大声呼唤起来。这是他童年时代在一起砍过柴的伙伴。

“你是……萧满，满哥！”周菊生也认出来了，他也像当年那样地呼唤自己的朋友。

两双手紧紧地握在一起。一双指挥千军万马的手，一双劳动长满厚茧的手。

“我还以为是公家的人上山打猎来的，想不到是你。早听说你带兵回来了，怎么这时节才回乡？”

“早想来喽，公务缠身，来不得哟。”

“是喽，是喽，如今你是公家的人，不像我们这样得闲。”周菊生连声说着，“走吧走吧，到屋里头去。”

周菊生热络地拽着萧劲光的手，回身招呼着同行的警卫战士们：

“来来，一起去吃杯茶！”

他们边走边谈，周菊生做了义务宣传员。

等他们走进周家屋里，乡亲们已站了里三层外三层。阔别近三十年，当年的伢子都成了爷，当年的妹子都成了娘。

说不尽的离别话，拉不完的家乡事。乡亲们听萧劲光谈着国家大事，觉得那样新鲜，整个山村沉浸在欢乐之中，萧劲光仍旧是他们赵洲港的儿子，他们引以为荣。

萧劲光去看了母亲的墓地，为那长满荒草的坟头添了新土。他伫立良久，默念道：“娘，你的儿子回来看你来了。咱们家乡就要过好日子了。”

如果母亲活着，她该多高兴啊。

他去看了自己过去的家，那生他养他的地方；看了屋前的那棵大柚子树，轻轻抚摸粗壮的树干；去了朱张渡……总之，一切值得回忆的地方他都去了，看了……

最后，他与众乡亲一起照了相。这珍贵的纪念，至今还保存在萧将军的影集里。

萧劲光告别赵洲港的父老乡亲们走了。因为解放全中国的战斗还在继续着，他的任务还没完成。他将在他故乡的土地上，指挥一场新的战斗。

智斗“小诸葛”

1949年10月1日，当新中国礼炮震响的时候，在湖南的衡(阳)宝(庆)线上，一场决战拉开序幕。

萧劲光在衡定战役前线

萧劲光刚刚签署了战斗动员令。他在命令上特地加了这样几句：“团结一致，勇猛、神速、大胆地包围和歼灭敌人。各级指挥员要细心、稳健，全体战斗员要不怕困难，不怕牺牲，英勇顽强，争取在战斗中为人民立功。”

他习惯地闭上眼睛，陷入沉思。他还要从头至尾认真考虑一下作战方案周全与否。他的对手很不简单，是人称“小诸葛”的白崇禧。北伐时在涂槎的那一次“邂逅”他还记忆犹新。此时，白崇禧任国民党华中军政长官，指挥着五个兵团二十余万军队。虽在总体上来说已苟延残喘，但在某个局部，还确有精锐可与人民解放军抗衡。

那还是在平津战役之后，东北野战军改称中国人民解放军第四野战军。

2月20日晚，第十二兵团司令员兼政治委员萧劲光驱车来到野战军总部。罗荣桓、萧克、刘亚楼热情地与萧劲光握手招呼。林彪在地图前转身朝萧劲光点点头，又转过身一动不动地盯着地图看。

萧劲光早已习惯了林彪的这种接待方式，站在那里等着他发话。

“亚楼，你把情况和劲光讲一下。”林彪示意。

刘亚楼便拿起一根教鞭敲着大桌子上的地图道：“要准备渡江了，军委今天来了指示，为钳制武汉地区的白崇禧，策应华东和中原野战军渡江作战，为我主力南下扫消障碍，野司决定让你率领先遣兵团先期南下。你们的任务是，先在黄河南岸郑州、开封一线集结，然后围歼信阳之敌，争取迅速扫平汉路南段地区敌人，保证安庆、九江地段友军右翼的安全，然后在主力南下前，相机夺取武汉。”

萧劲光将目光从地图转到刘亚楼身上，没有说话。

“先遣兵团由四十军、四十三军和炮一团及后勤一部组成，你看够不够？”罗荣桓接着问。

林彪突然转过身来，目光紧逼萧劲光：“不能再多了。部队连续打了半年仗，后面还有许多恶仗要打，需要休整、整训。白崇禧、程潜、余汉谋集团还有五十余万人，特别是这个白崇禧能打仗，不可小瞧了他。我们必须做好充分准备。别忘了，那里还有守四平的陈明仁。”

说完，他又转身看地图。

“没有问题。”萧劲光见几位野司首长都盯着他，立刻表态。

“南下路线是这样的，四十军沿平汉路，四十三军沿平太路，兵团指挥部和炮兵及后勤机关由津浦路转陇海路同时开进。”刘亚楼接着说。

“23日出发，用两天时间动员、准备，有没有什么困难？”罗荣桓补充。

“没有困难，”萧劲光答道，“整训工作，前些日子进展得很顺利。”

林彪走过来，一边嚼着黄豆，一边指着地图上标明的武汉说：“就剩这个白崇禧没交手了，你最好在主力到达以前碰他一家伙，以后就好办得多。汉口以东、以南有白崇禧八个师，看他主力兵团三兵团的位置，就知道他有的是小聪明，进可到赣北，阻止我军渡江，退可守汉口，再不行，调头南逃经湖南回老家广西。可见他是个难缠的家伙。如果他要放弃武汉,抓住他可就不容易了。都说他能打仗,谁知道到底怎么样呢?”

“廖耀湘也号称能打仗,结果还不是当了俘虏。”刘亚楼插话。

“白崇禧不是廖耀湘,”林彪暗瞥了刘亚楼一眼,又冲萧劲光严肃地说,“轻敌思想要不得,你要记住,千万不要认为打下一个天津,就也能活捉白崇禧。南方的仗你没打过,和北方是两回事。”

他伸出手用力握了握萧劲光,又转身去研读地图了……

4月1日,萧劲光先遣兵团的第一一八师占领信阳,第一二〇师占领驻马店、确山、明港。4月3日,先遣兵团一部占领广水,4月8日后又占领宣化店、河口、罗山、黄安等地。

林彪、罗荣桓、萧克签署发布急电:

> 十二兵团以多路兵力同时迂回奔袭江北各渡口,江南敌人兵力薄弱,绝无斗志与我决战,因此,行动要大胆,最好能争取两日内渡过一个军,大胆穿插,一切行动都要快。

5月14日拂晓,第四十三军开始发动渡江战役。翌日晨,四个师冒着滂沱大雨,分别由矮林铺、黄冈、兰溪、蕲春、田家镇等渡口开始渡江。

白崇禧未料到解放军会来得这么快,没来得及布置破坏武汉的计划,就急忙命令部队火速后撤。

5月16日十三时,第四十军第一一八师进入汉口。下午,四十军三个主力师全部渡过长江。

5月17日下午,第一五三师一个团进入武昌。同日,汉江军区部队进入汉口。

至此,华中枢纽武汉全部解放。

一切似乎都按预先的方案进行着。先期渡江的四十三军和四十军正在乘胜追击白崇禧的退敌，萧劲光接到野司急电，命令四十军、四十三军立即停止追击，尽快收缩集结。

“停下来？野司是怎么考虑的，难道让白崇禧就这么大摇大摆轻轻松松地撤了？”副司令员陈伯钧不解地说。

“我看，对付白崇禧，光靠咬住其一部，围点打援恐怕不行，这家伙滑得很哪。”韩先楚说。

萧劲光没有吭声。他拿着电报走到地图前，把部队所在位置用铅笔作了记号，潜在危机便一目了然地展示在眼前。是啊，过江以后一切似乎都太顺利了。白崇禧有二十万军队，而过江的两个军不足六万人，万一他明白我渡江部队的虚实，杀个回马枪，不是很容易把这两个军分割包围吗？

萧劲光几乎吓出了冷汗。

“立即发报，要四十军、四十三军立即停止追击！”他果断命令。

萧劲光的担忧不无道理。可白崇禧一味退却的意图让他感到无法理解。说起来，这个“小诸葛”也算个军事行家，怎么成了闻风而逃的人了？

那以后整整一个月，萧劲光按照野司的部署，两个主力军原地休整。他揣摩得出，作为湖北人，林彪很想在父老乡亲面前打个大胜仗。部队看上去是休整，实际上是给白崇禧一个喘息的机会，让他立足湖北，再伺机围歼。

果然，乘四野主力休整时，白崇禧加紧部署湘赣线的防务。七月初，命令宋希濂集中十四到十八个师的兵力，向荆门、当阳等地区发动进攻，力图扩大江北根据地。

林彪以为白崇禧上钩了。7月6日，野司下达了由第十三兵团发起宜沙战役的命令，迂回围歼敌宋希濂部。可老奸巨猾的白崇禧狐狸尾巴一甩，急令宋希濂部全线收缩撤退，孤零零地留下几座空城。

几乎与发起宜沙战役的同时，7月8日，萧劲光的十二兵团和第十五兵团、二野第四兵团发起了湘赣战役。

各路大军风卷残云，势如破竹，战果却令人感到不安。

四十三军一二九师拿下的奉新是座空城……

四十三军一二八师拿下的高安也是座空城……

白崇禧算是滑头到家了。7月8日湘赣战役刚开始,9日他便急令各地守敌伺机后撤。他深知林彪手下的几员大将率部从东北至中南,一路抢关夺隘扫荡了大半壁河山,个个都非等闲之辈,也明白林彪煞费苦心地设网布阵,就是想拉开阵式和他较量一番。可他偏偏不和林彪决斗,率部望风南撤衡阳。

十二兵团司令部作战室里。萧劲光阴沉着脸。

他窝了一肚子火。解放河南信阳时,未等接火,白崇禧不战而逃;解放武汉时,萧劲光摆开部队,想与其决战一场,将其精锐部队牵制在武汉,掩护二、三野战军渡江作战,谁知白崇禧见大势已去,自知不是对手,又不战而逃到长沙;到长沙后,白崇禧倒百般拉拢程潜、陈明仁与解放军对抗。阴谋失败后,在程、陈二将军宣布起义的同时,他又把部队撤至衡宝线。一连二十多天了,除了小打小闹,还没和白崇禧真正接上火。这哪像是在打仗,整个就是在捉迷藏!

"这个白崇禧不像个军人。两军对峙,他就知道溜!"陈伯钧愤愤地说。

这时,作战科科长侯向之送来一份野司的电报。白崇禧据广州国防部命令,将其桂系主力五个兵团,撤至衡宝公路两侧与粤汉线衡山至郴州一线,与广东余汉谋联合组织了粤湘联合防线,伺机反扑。

"我看他这回往哪跑!"萧劲光一拍桌子。

决战迫在眉睫。

对于萧劲光来说,这无异于一副兴奋剂。他盯着军用地图上用红色铅笔圈起来的那片地域。白崇禧的五个兵团,十一个军,二十六个师,共二十多万人就重点部署在那里。这可是一块让人眼馋的肥肉。萧劲光掂量着,吃掉白崇禧这一仗,很可能就是他戎马生涯的最后一场恶战了。

"老萧,这回你可是抢下了一块硬骨头哇!"陈伯钧赞许道。

“要是再和白崇禧兜圈子,我的关节就要生锈了!”韩先楚说完,也开心地笑了。

萧劲光攥紧拳头,朝军用地图上被敌人把守的区域擂了一拳——

“我要让白崇禧尝尝四野的味道!”

两军对垒勇者胜

“随局按眼”,萧劲光反复回味军委和野战军司令部制定的与白崇禧作战的方针。针对白崇禧的特点,这次西南战机在总体上采取战略大迂回,大包围,堵塞退路,抓住敌人,逼其决战。因此,以陈赓、谢富治的四兵团和邓华的十三兵团及两广纵队组成的东路军,从湘赣粤边界挺进广东,歼余汉谋集团,再由粤入桂,完成右翼大迂回;以程子华的十五兵团为西路军,一方面向桂西挺进,切断敌人向云贵的逃路,完成左翼大迂回;以萧劲光的十二兵团为中路军,率六个军、十九个师向衡宝地区正面攻击。整个战局为一盘棋,各路兵马随局做眼,各个歼灭敌人。

“司令员,”作战科长侯向之报告,“命令已发到各部队,二日下午四时开始行动。”

“好!这次一定要抓住白崇禧这条泥鳅,至少要抓住他的尾巴砍掉一段。”萧劲光拿起军帽,转身对陈伯钧和韩先楚说,“老陈、老韩,我们去部队看看。”

部队正在整装待发。战士们在背包上、枪杆上贴了标语口号。“庆祝中华人民共和国成立”、“将革命进行到底”、“消灭白崇禧”、“进军大西南”……萧劲光从一个师走到另一个师,被战士们摩拳擦掌的情绪深深感染。

中华人民共和国成立了,他们几十年执著追求的理想实现了。他想象着天安门前开国大典的盛况,想象着毛泽东同志讲话的情景。他自然而然地想到了苏联,想到了十月革命节时的红场,使他无比自豪的是,“这是我们自己的国家,我们在为新中国而战”。他这样对自己说,也这样鼓励战士们。他匆匆地在部队走了一圈,没有发表什么正式演说。他不喜欢高谈阔论。他走进战士们的行列，拿起枪来瞄瞄准，看看枪管擦得亮不亮。他拍拍战士们的肩膀，用劲向下压一压，仿佛是在检查战士们的承受力，也仿佛是在给出征的战士们送别。往日严肃得有些可怕的司令员，此时却像一个慈母。他是这千军万马的指挥员，这千军万马是他的心上之物。他爱他的部队，虽然这种爱更多的是用严格体现的，然而一旦上了战场，和敌人交起手来，不单是各级指挥员，就是一个战士，也会体验到司令员的这种爱的分量。

“部队的任务很重哟。一定要让部队吃饱，吃好。带上足够的干粮。天气还热，喝水要注意，不要闹病。”司令员居然有些“唠叨”了。

“记住，大胆穿插，迂回包围，灵活、果敢，一定要越过衡宝公路插到湘桂铁路上去，切断敌人向广西的退路，起码要打掉他几个胳膊腿，祝你们成功。”他最后又叮嘱了每一个师长、师政委。

将军对他的部队充满了信任，自然也充满了信心。

二日晚间，黑云压城。江南炎热的天气让人透不过气来。二兵团的各军按照行动方案出发了。后半夜，随着一串炸雷，下起了瓢泼大雨，整整持续了一天一夜。

“部队可够艰苦了。”陈伯钧从外面走进屋里，对正在窗前观看雨势的萧劲光说，“特别是打穿插的部队，困难一定不小。”

“是呀，不过也有好处，便于隐蔽行动。”萧劲光转过身来，走向挂地图的那面墙，“部队进展顺利，今天拂晓，四十军突破了号称‘钢军’的敌七十一军的一线阵地，敌人后撤了。”他拿着一支红笔，边看边在地图上标记号。

“白崇禧诡计多端，要防止他向湘桂路上逃跑。”陈伯钧走过来，看着地图说。

“对。马上给部队发报，以强行军的速度向敌人纵深猛插，分割敌人。无论如何五日要控制渣江至界岭一线。”

电报发出去了，各路大军冒雨猛进，像一把把尖刀，插向敌人横卧在衡宝公路和粤汉铁路一线的躯体。

四日，敌情突变。由于敌第七十一军的防御阵地被突破，白崇禧急调其主力第七军、第四十八军沿衡宝公路西进，原在郴州的敌第九十七、第四十六军也北上至衡宝公路。白崇禧在全长不过二百公里的衡宝公路突然压上如此多的兵力，目的很明确，就是要东西夹击我军先锋四十军。

"白崇禧以逸待劳，四十军再追击，可能陷入包围。"陈伯钧着急了。

"白崇禧这条老狐狸，没有上当，他在玩各个击破的把戏。"韩先楚说。

是撤，还是顶，萧劲光的大脑急速思考着。四十军虽然只是衡宝决战一盘棋中的一颗子，但它的位置却对整个战役起着关键作用。

"野战军司令部来电！"侯向之深夜敲开萧劲光的房门，送上一份电报。萧劲光急展速阅。

"野司判断，白崇禧想在衡宝线上与我决战。"侯向之说。

"我军现在在什么位置？"萧劲光下了床，来到地图前。

"渣江与界岭一线，与敌人形成对峙。"侯向之用手在两点之间画了一条线道，"野司已直接发报给各军各师，停止前进，等候集中兵力。"

萧劲光没有说话。野司这样处置，是从整个战局考虑。敌人集中了如此多的兵力寻机决战，单凭中路军一支力量显然太弱。如果进展太快，先锋部队可能陷入重围吃大亏，或者惊动敌人，使其后撤逃跑，使我整个大迂回、大包围的部署落空。但从十二兵团目前的局势来看，一线部队的压力更大了。敌人集中了那么多兵力，很有可能向我某一局部进攻。白崇禧善于这样做。另一方面，我军停止前进后，和敌人距离拉大，又可能放跑敌人。

"给部队发报，做好两手准备：一、拟定好反击敌人突袭的战斗方案；二、制定敌人撤退时的追击方案。各部等待上级统一命令与敌决战。"萧劲光下达了命令。

各路大军接此报后均有了回音，唯独第四十五军第一三五师音讯全无。

野司来电话催问一三五师的情况，萧劲光握着话筒欲言又止，那边只好在电话里压低嗓门说了句："为这事，林总正火着呢！"

萧劲光放下话筒，背着手在地图前走来走去，一见侯向之进了屋，忙问："一三五师有没有消息？"

侯向之摇摇头。

"这个一三五师怎么搞的嘛！叫他们停止前进，为什么还要冒进，惊动了敌人，让白崇禧跑了，全部计划就泡汤了。"韩先楚火了。

"白崇禧跑了还算命大，如果让敌人回过神来，把一三五师包了饺子，你一个师还不够人家塞牙缝。"陈伯钧说。

"他们现在大约在什么位置？"萧劲光仍沉着脸问侯向之。

"按推进速度，"侯向之指着地图上的一点，"他们应该到了沙坪和灵宫殿一带。"

从局势上看，一三五师的动作确实有冒进的危险，但战局瞬息万变，有利变不利，不利变有利的因素都存在，萧劲光一时还看不出利弊所在。他担心的是，万一白崇禧看出端倪，集中兵力围攻一三五师，那事情就糟了。在宜沙战役中，十三兵团一四〇师在实施包围中，不意与敌后冀部队遭遇，部队恋战，动作迟缓，没有迅速实行迂回包围，而是和敌人进行了长达九小时的对峙，结果这部敌人乘天色已晚逃走了。

当时，林彪听了十三兵团战报和宋希濂全线撤退的消息后，冷冷地扔下一句话："这个师长不用再当了！"

眼下，一三五师会不会重蹈覆辙呢？

此时的一三五师仍在疾驰猛进地穿插。从四日晚间进入敌占区开始，一来由于雨太大，二来为了防备敌人窃听，他们关闭了电台，从敌人的间隙中插了过去，强行军一天一夜，前进一百六十里。到五日夜间，已穿过衡宝公路，孤军深入敌后。等到与野司和兵团司令部恢复联系时，部队已进到余田桥以南灵宫殿。这支穿插部队就像一把插在敌人心脏上的尖刀。

“好！”萧劲光得报后大为兴奋，“这把刀子插得好，插得绝妙！”一向不轻易褒奖下属的萧劲光怎么也掩饰不住喜悦了。

一三五师的穿插楔人，令白崇禧大为恐慌。一三五师所在地区是他的主力后撤的必经之地，地形易守难攻。他一狠心，以四个师的兵力向一三五师各团阵地进行猛烈攻击，企图打通南撤的通道。

萧劲光、陈伯钧、韩先楚在中路军指挥部密切关注局势的发展变化。

很快，一三五师来急电：他们受到敌重兵南北夹击。

同时，野战军司令部来电，决定将计就计，在灵官殿打一大仗。

时不我待。

“立即发报，要一三五师坚决顶住敌人进攻，不惜战至最后一个人，决不能撤。调前锋线上的几个师火速增援。同时报告野司，建议两翼加速迂回。”萧劲光向侯向之命令道。

指挥部里，作战、机要人员来去匆匆，紧张异常。

六日，一三五师与数倍于己的敌人激战一昼夜，没有丢失一个阵地，像一道巨大的闸门挡住了敌人南去的退路，将敌第七军第一七一、第一七二、第一七六、第一三八等四个师拦截在文官铺地区。

六日夜，白崇禧确信正面遇到的是解放军主力，七日凌晨急令全线撤退。

白崇禧终于遇到克星了。第四十一军主力迂回黄土铺，切断了他的西北退路；第四十军从东迂回上去，把从东面突围南逃的残部截住。正面部队紧追不舍，把主力围个水泄不通。

“全线包围，咬住敌人，务求全歼！”萧劲光向各部发出了战斗命令。

10日10时，总攻击开始。

“敌七军军部及直属队警卫营、工兵营、通讯营、运输营被全歼。”

“敌七军副军长凌云上、参谋长邓兰达被俘。”

“敌一七二师被全歼，师长刘日监被俘。”

“敌一七一师被全歼，师长张瑞生被俘。”

“敌一七六师被全歼，师长李祖霖被俘。”

……

衡宝战役,白崇禧主力中之主力,敌七军所属的桂系四个主力师,除一三八师师部带一个团逃跑外,全部被歼。

当白崇禧气喘吁吁地率残部逃往广西时,萧劲光司令员正倚靠在美式中吉普的椅背上,闭目养神。

毛泽东曾称赞:“萧劲光有两次战斗非常出色。除了娄山关战斗,还有衡宝战役。”

第八章　白手起家建海军

★从陆地到海洋

★搭架子，揽人才，一个都不能少

★老海军VS新海军

★隔海相望，“共产党海军是痴人说梦”？

★苏联老大哥“慷慨襄助”

当海军司令员？萧劲光做梦都没有想到。此时主席一说，他脑子里倒一片空白。见毛泽东征询的目光盯着自己，便坦率告知：“主席，我是个‘旱鸭子’，又不懂海军，哪能当海军司令员？我晕船挺厉害，连海船都坐不得。我这辈子总共坐过五六次海船，每次都晕得不轻啊。”

“我就是看上了你这个‘旱鸭子’，是让你去指挥，又不是让你成天出海。”

建校初期，肖与张学思将军一起讨论教学方案

从陆地到海洋

衡宝战役的炮声渐渐停息,萧劲光才感到从没有过的疲惫。从衡宝战役打响到结束,这些天来,他一刻也没离开过作战室。战场上的形势瞬息万变,只有把握住战场上的局势才能做决断。作为衡宝战役的总指挥,他很清楚自己肩上担的责任,更明白衡宝战役对解放全中国的意义。多少天没合眼,他已经记不得了。那时神经特别兴奋,从没有感到过疲劳。

"通信员!"他来到宿舍门口喊道。

"到!"通信员从院子里跑了进来。

"去弄点吃的。"萧劲光肚子感到有点饿了。从昨晚到今天中午,他还滴水粒米未进。

"首长急电。"通信员刚离开,秘书就迈进门槛。

萧劲光以为是四野的命令。衡宝战役已经结束. 下一步部队将如何动作,他心里还没底呢。他从秘书手中接过电报。电报是从中央军委发来的:

湖南军区司令员萧劲光见报速来京有要事面商

毛泽东

一九四九年十月十四

毛主席有要事相商!萧劲光想不出是什么事。他急匆匆找到政委萧华,将主席要他进京的事讲了讲。

"既然是主席有事找你,你就准备一下快启程吧。这里有我。"萧华说,"你准备什么时间走?"

"现在。"萧劲光答道。

一路火车北上。秘书见首长如此疲惫,欲让萧劲光稍事休息。

"到中南海,去见主席!"萧劲光揉了揉发涩的眼睛,不容置疑道。

接他们的车早已停在车站,接上人便汇入车水马龙中,只一会儿工夫便到了中南海。

“是劲光来了吗？”毛泽东高大的身影在门口出现了。

萧劲光赶紧向前两步：“主席好。”

“好啊，好！”毛泽东握着萧劲光的手，端详着萧劲光，“还是老样子嘛，没变。”

萧劲光也爽朗一笑。

“衡宝战役打得不错，是不是阶级仇、个人恨一块全上了？”毛泽东幽默道。

萧劲光和白崇禧之间的恩怨，毛泽东都清楚。在延安时，毛泽东就有一次跟他说：“君子报仇，十年不晚嘛。”

说笑一阵，话归正题。

“知道这次叫你紧急进京干什么吗？”

“不知道。”

毛泽东笑容可掬。

“劲光啊，解放全国的作战任务虽然还相当繁重，但是，组建一支空

在海军第一次党代会上，萧劲光(右一)陪同毛泽东接见与会代表

军和一支海军的任务,已经提上了议事日程。空军的筹建工作已经差不多了,中央决定让刘亚楼同志当司令员。现在要着手筹建海军,我们想让你来当司令员。今天先给你打个招呼,要听听你的意见。”

当海军司令员?萧劲光做梦都没有想到。此时主席一说,他脑子里倒一片空白。见毛泽东征询的目光盯着自己,便坦率告知:“主席,我是个‘旱鸭子’,又不懂海军,哪能当海军司令员? 我晕船挺厉害,连海船都坐不得。我这辈子总共坐过五六次海船,每次都晕得不轻啊。”

“我就是看上了你这个‘旱鸭子’,是让你去指挥,又不是让你成天出海。”

见萧劲光低头不语,毛泽东说:“好了,好了,今天这个事先谈到这里。我在延安是靠你萧劲光吃饭,今天,来我这里,我回请你一顿。来而不往非礼也。”说完,毛泽东先笑了起来。

新中国还一穷二白,那顿饭菜也算不上丰盛。毛泽东破例陪萧劲光喝了三杯红葡萄酒。

“回长沙后,要继续抓好十二兵团和湖南军区的工作,调海军的事等待中央决定。”毛泽东嘱咐萧劲光。

在吃饭的同时,萧劲光将前线的情况一一向毛泽东作了汇报。主席听到入迷时,挟着的菜都忘记往嘴里送。

“主席,这可是你爱吃的湖南腊肉。”萧劲光见状,停下了谈论的前线局势。

主席一个激灵,看了看筷子上的腊肉,忍不住笑着说:“老毛病又犯了。”

前线形势还很紧张。毛泽东交代完后,萧劲光便提出要回去。毛泽东说:“你回去就回去吧,这次我也不留你,等形势好了,有空到北京,我们俩再好好聊一聊。”

下午,萧劲光又坐上火车。

第二天刚回长沙,林彪来了。

林彪作为第四野战军司令员,从广西前线视察返回武汉,临时决定在长沙逗留两天。

萧劲光把这次主席召见进京的情况向林彪稍作汇报。

“你调海军的事,中央还没最后定下来。”林彪停顿了一下,“中央有的领导同志对你有不同的意见。聂荣臻同志前几天给我打了个电报,征求一下我们的意见。我们当然不希望你走。中南地区你情况熟,干部也熟,工作起来轻车熟路。到海军去做什么,一切要从头学起,隔行如隔山。那陌生的局面猴年马月才能打开!?”

情况也正像林彪所说的一样。萧劲光理解地点了点头。

“只要我还在四野,我就不会让你去当什么海军司令。张爱萍不是在组建海军吗?”

“是这样,国民党海军‘重庆’号巡洋舰起义后,舰长邓兆祥及全体官兵致电毛主席和朱总司令,呼吁尽快建立中国人民海军。主席也指示第三野战军前敌委员会,尽快在渡江战役前后,先把华东地区海军建立起来。三野的陈毅司令就把这个任务交给了华中军区的张爱萍副司令。4月23日的时候,张爱萍在江苏泰县白马庙宣布华东军区海军成立的。但是缺船少人啊。”萧劲光说:

“海军和陆军不一样。谁去也不好。”林彪有些像自言自语。

1950年4月14日,海军领导机关于北京正式成立,图为海军领导机关成立大会会址——协和医院礼堂

天边落日余晖，将天空涂抹得一片金黄……

世上的事就这样怪。林彪不肯让萧劲光去当海军司令员，萧劲光也不愿意去当海军司令员，可毛主席偏偏在众多将领中选中了萧劲光。

毛泽东到苏联访问前，跟萧劲光说："我经过慎重考虑，海军司令员还是你来当。十二兵团的工作马上有人去接替你。你现在可以考虑一下规划。建设海军，我们没有经验，一切都摸着石头过河吧。"

主席点将，话说到这个份上，萧劲光就不好推辞了，只是担心地说："我怕建不好，令您失望。"

"萧劲光，你办事，我还是放心的。你能组建的。"毛泽东仍是信任地笑着。

萧劲光第一次到苏联，坐船航行到日本海时，正遇上风暴，船在海上挣扎了一夜才跑出风圈。那时船在海上颠簸得异常厉害，许多人都吐出苦胆，甚至都吐血。萧劲光晕得像得了一场大病一样，四肢无力。他弄不明白，怎么乘坐这样大吨位的船，晕得还这样厉害。后来一个在海上服过役的老人告诉他，船之所以颠簸这样厉害，是因为海浪的波长和船的波长相同，如果船小一点或再大一些就不会出现这种情况了。直到现在，那个老兵说的这些道理，萧劲光也不甚明白。真正懂了这个道理则是十几年后，他陪同周恩来总理进行海上大阅兵。那自然是后话了。

刚刮了几天风，往日蔚蓝的海面变得一片浑黄，海浪还没完全平息，泡沫飞溅的浪涛嘶叫着，狂吼着。小船一会儿冲上浪峰，一会儿又跌落到浪谷，倾斜仪的指针像有点夸张似的大幅度摆动。

此时，萧劲光死死抓住船上的把手。盯着浑浊的海面，他感到脑袋有些昏，两眼开始发花，额前一个劲地冒冷汗。募地，胃里一阵翻江倒海。他将中午吃的东西全吐进了海里。

见萧劲光晕船晕得厉害，渔民停止了摇橹，心疼问道："萧司令，咱们还到岛上去吗？"

渔船是萧劲光租用的一条民船。船长年累月在海上航行，船四周被海水浸泡和海浪摔打，已出现裂缝，海水随着缝隙汩汩向里渗水。当萧劲光和随行人员在海边巡视了一圈，最后决定租用这条船进刘公岛时，随行人员坚决反对,打鱼的渔民也感到吃惊。

人们的反对不是多余的。从威海到刘公岛还有二十多海里的路程,海上又刚刮过风,海面上涌浪还很大,在这样的天气里,渔民都不敢轻易出海冒险。他们怎么能轻易叫海军司令员到海上拿生命和大海去做赌注呢。

渔民也吃惊,不解地问:“你是海军司令,还租我们这样的破船?”

在这个渔民眼里,海军司令员应该和大型舰船联系在一起。他在这片蓝色海域上打鱼谋生四十多年,以前,他没有机会见过什么司令,但他经常可以看到日本侵略者和国民党军人乘军舰进岛的情景,那是何等的气派。

汽笛高鸣。舰船的尾轴搅动起的尾浪像一条游动的蛟龙。间或一两次,他曾目睹了国民党军舰挂满旗,一路上风风光光地进岛。

国民党逃跑时,能开的船早就开跑了,不能开的船也都炸毁了。

“我是旱鸭子,坐大船晕船。”萧劲光搪塞道。

渔民从船舱中搬出一个小凳递给萧劲光,然后解开拴船的缆绳,开始摇橹,向海中驶去。

刘公岛被一团海气包裹着,在太阳照耀下,显得影影绰绰。

海浪堆砌着,前赴后继,这情景倒有点像冲锋陷阵的将士。

萧劲光到刘公岛,除了考察一下港口设施外,还有另一个愿望,那就是去谒拜一下英雄的亡灵,去寻觅历史的陈迹,去寻找前清海军失败的根源。

船驶出海岸,海上的风浪明显的大了起来。看着滚滚流动的蓝色语言,萧劲光不明白大海是在欢迎他这位新上任的海军司令员,还是在向他示威。

经过海上半个小时的颠簸,渔船终于驶到了刘公岛。海浪冲击着岛屿发出巨大轰响,飞溅起的浪花像暴雨洒落在他们身上。船儿费了好大周折才靠上了岸边。萧劲光双脚一踏上刘公岛,内心中就有一种异常的沉重。

在命运的狂风中,人如一粒微尘。在中国历史上,刘公岛和丁汝昌这个名字无论如何也分不开了。这里曾为中国近代规模最大的舰队司令丁汝昌挖掘好了坟墓。

萧劲光爬上一座孤立的礁石,面海而立。

在1888年,中国拥有一支居世界第四位的庞大海军舰队,不幸的是,这支具有强大威慑力的军事力量,却在六年后的中日甲午战争中一败涂地,葬身汪洋。

海市蜃楼。波光闪动的海面上,一艘艘飘扬着“龙旗”的铁甲舰:“定远”、“镇远”、“济远”、“起勇”、“扬威”……一艘艘披金战舰昂首前行。白浪如练……

萧劲光收回思绪,眺望着无垠海面。建设海军的一个新的想法在脑中逐渐成形。

搭架子,揽人才,一个都不能少

万事开头难。萧劲光真正体会到个中滋味。

海军建设的总方针和大目标,毛主席已指出:“我们建设的这支海军,能够保卫我们的海防并能有效地防御帝国主义的侵略。”但真正落到实处,萧劲光就感到为难了。

世界上的海军强国,主要有三个国家:英国、美国和苏联。英、美建立的是大型的、重型的海军,有庞大的舰队,有排水量达十万吨的航空母舰,有续航力很强的巡洋舰。苏联海军也是大型的、重型的,也有航空母舰、巡洋舰。萧劲光此时也很清楚。建立一支什么样的海军,不能光靠主观愿望,必须按照客观规律办事。

在海军领导机关宣告成立的时候. 中央军委只任命了萧劲光和刘道生两位海军领导人。四月下旬,军委任命王宏坤为海军副司令员,六月任命了罗舜初为海军参谋长。王宏坤过去长期在红四方面军工作。抗战初期,他任第三八五旅旅长,同萧劲光有过接触。渡江战役前,萧劲光率第十二兵团进军武汉时,王宏坤任桐柏军区司令员,又同他配合作战过一两次。罗舜初也同萧劲光有过交往,解放战争时期,都在东北野战军工作。中南军区海军司令员兼政委方强,调任海军第三副司令员。萧劲光对他也是比较熟悉的。长征期间,方强在红军干部团团部工作,萧劲光任该团"上干队"队长。方强受组织委托,为恢复萧劲光的党籍办理过组织手续。11月下旬,苏振华调海军任政治委员兼政治部主任,到海军前任贵州军区司令员兼政治委员,解放战争后期,他任第二野战军第五兵团政治委员,萧劲光也十分熟悉。

虽然大家都非常熟悉,但在建立一支什么样的海军的问题上一开始争议就比较大。王宏坤、罗舜初他们主张建一支大吨位的舰队。方强和苏振华则反对。

建立海军的想法众说纷纭莫衷一是。最后大家把目光盯在萧劲光脸上。萧劲光站起来说:"我国有一万八千多公里的海岸线,濒临太平洋,有渤海、黄海、东海和南海四个广大海区。回顾历史,我国沿海从14世纪到16世纪屡遭倭寇侵袭;1624年荷兰殖民军侵占我国宝岛台湾三十八年之久;从鸦片战争开始,世界列强凭借其强大的海军连续侵略我国,万里海疆洒满了中国人民的血泪。从辽东半岛到海南岛,中国沿海几乎所有的港口,基地、岛屿都遭到了侵略者的蹂躏。香港、台湾和澎湖相继沦丧。很多港口以租借为名被列强所控制。中国沿海贸易和内河航行权也纷纷落人外国人之手,侵略者在我国沿海犯下的罪行更是罄竹难书。历史告诉我们,没有海防我们就谈不上国家的主权和人民的自由,就会被人任意宰割。清朝政府在坚船利炮的威逼下签订了许多丧权辱国的不平等条约。长期以来. 西方国家把'谁占海洋,谁就能掌握世界'奉为对外扩张的座右铭,大力发展海军。他们就是依仗其强大的海军屡屡对中国发动侵略。正因为如此,毛主席号召我们一定要建立一支强大的海军。现在战争的实践证明，强大的海军即使在和平时期，对于防止侵略、制止战争也是有巨大的威慑作用，海军在世界上被看成是一个国家力量的象征。”

萧劲光和海军福建时期各级主要负责人合影。左起：卢仁灿、方强、袁也烈、罗舜初、赵启民、段德彰、萧劲光、雷永通、王宏坤、顿星云、周希汉、张汉丞、张学思

萧劲光停顿了一下，走到墙边指着悬挂着的中华人民共和国海图，海面上蓝色的等深线周围分布着一个个黑点，那众多的黑点无疑就是众多的岛屿了。

“刚才听了各位的发言，对于建立一支什么样的海军，我感到，我们要从国力和实际情况出发。我们建立的是一支自卫的、防御的海军，而不是侵略别国的海军，要纠正那些单纯同英、美等海军强国比吨位的思想；我们的优越条件是靠近海岸，有众多的岛屿，要充分利用这个优越条件，把每一个岛屿变成一艘不沉的航空母舰，把每一座海岸炮当作军舰上的一门主炮；我们这支海军在战略上是防御的，在战术上却是进攻的，我们不建重型舰队，我们要建立一支轻型舰队。现在立在我们面前的任务很繁重，我们只能一边打仗，一边建设。边打边建，双管齐下……”

在座的听了萧劲光的讲话，感到萧司令讲的合情合理。只是他们谁也没有意识到，这个会议所讨论的建设方针在不长的时间里，将中国军人，确切地说将中国海军推向了一个意想不到的位置……

创建海军这样的新军种,干部储备尤其重要,而学校正是培养干部的摇篮和基地。海军是一个科学技术非常密集的军种,需要大量具有多学科知识的人才。不抓干部的培养,不重视知识和人才,海军建设就无从谈起。

1950年6月25日,朝鲜战争突然爆发了。

战争一发生,美国第七舰队开进台湾海峡,台湾国民党因此而喘了一口气。对于美国公然武装入侵中国领土台湾,直接干涉中国内政的行动,中国人民表示了极大愤慨。1950年6月28日,毛泽东主席发出号召,提出:"全国和全世界人民团结起来,进行充分准备,打败美帝国主义的任何挑衅。"

美国出兵台湾,使新中国面临的军事形势发生了重大变化。6月30日,中央军委副主席周恩来向海军司令员萧劲光传达了中央新的战略方针:"形势的变化给我们打台湾增添了麻烦,因为有美国在台湾挡着,现在我国的态度是,谴责美帝侵略台湾,干涉中国的内政。我们军队的打算是:陆军继续复员,加强海、空军建设,打台湾的时间往后推延。"

攻台任务暂时停下来。但海军建设发展不能停。萧劲光感到现在应该去圆那个梦了。他打电话摇通了张学思的办公室。

"老张,你什么时间有空到北京来一趟,咱们商谈一下学校怎么个办法。"

两天后,张学思从大连来到北京萧劲光的住处。

张学思是著名将领张学良的同父异母兄弟。在时代洪流的冲击和进步师生的影响下,他在青年时代就成了封建军阀的叛逆者,到了延安,走上了中共领导的民族解放战争的道路。萧劲光和张学思相识是在解放战争初期的东北。两人都在南满坚持斗争。张学思任辽宁省政府主席和辽宁军区司令员。在"四保临江"战役中,张学思率领群众和地方武装,支援、协同主力部队作战,做了许多工作。

萧劲光对张学思说:"四保临江多亏了你的支援，仗才打得那样漂亮,现在海军办学有了你撑旗,我就放心了。"

因为很熟,说话也就少了许多客套和拘束。

"你别抬举我，这次我在火车上就想好了，这办学的大旗还得您来扛。"张学思笑着说。

"这次叫你来,是想听听建校的打算和想法。"

"中央原定在安东海校的基础上，筹办海军学校。只是学校设施太差。我这次到苏联的几所学校考察了一下，我们现在可以开设航海、机电、枪炮几个专业。其他如无线电、雷达、信号等,慢慢再完善。教员我都想好了,我们可以报请中央军委,从苏联聘请一部分,再从大连大学聘请十几位教授兼任,不够的教员由'重庆'舰军官担任。"张学思说。

"重庆"舰是国民党海军中最大的一艘军舰。1949年2月25日晨,在吴淞口起义成功,"重庆"舰是国民党政府从英国接收的一艘军舰,1948年8月回国,排水量五千二百七十吨,船员约六百人。"重庆"舰起义,中外为之震惊。为此,国民党海军司令桂永清受撤职留任处分,英国政府也随即收回了租借给国民党政府的"灵甫"号驱逐舰。

萧劲光听后,沉思了一会说道:"这倒是一个办法,你刚才说那几个专业,每个专业可分为速成班和普通班,速成班的学员从地方大学二年级以上的学员中选拔,普通班的学员从高中毕业生中招收。"

"这办法好,但不知中央能否同意。"张学思一听眼神立马亮了起来。

萧劲光沉思了一会儿,拿起电话摇通了周总理办公室。

"我的萧司令,这么晚了打电话给我,不会是跟我要东西吧?"周总理听出了萧劲光的话音。

"总理,这一次你猜错了,不是要东西,而是要人。"萧劲光简单地把刚才同张学思探讨的问题跟总理汇报了一下,然后把调学生的设想说了说。

电话里只沉默了一会儿。周总理的声音便从电话里传了过来:

"可以。你明天找一下薄一波,具体事情让他办。"

放下电话,张学思很高兴。

“萧司令员，学校校长还得你来担任。建军建校历来都是一致的，由司令员兼任学校领导，许多事情都比较好办。我回去就报请军委。”

萧劲光听后连忙摇头：“不行不行，你饶了我吧，一个海军司令忙得我都团团转，再叫我担任校长，那还不把我累死才怪呢?”

1951年12月13日至25日，海军在北京召开首长会议，图为萧劲光在会上作工作报告

“叫你干校长，又不是叫你天天在学校里，只叫你兼职嘛。”

张学思到苏联考察回国，中央军委原来打算让他担任大连海校的校长。这件事毛主席还专门找过萧劲光，征求他的意见。

萧劲光以为张学思叫他兼任校长只是说着玩的，没想到张学思回去后果然真的打了报告给中央。没几天，中央下令萧劲光兼任学校校长。

1952年，张学思调任海军副参谋长，在第十军工作的刘华清任副校长兼副政委，主持学校工作。萧劲光想不担任校长职务，刘华清怎么也不同意。

“萧司令员，张学思在你担任，我来你就不担任，于情于理都说不过去，是不是对我工作不支持啊。”

刘华清将了萧劲光一军。萧劲光也就不能再说什么了。

后来，在海军一次会后，萧劲光跟张学思在一起聊天，萧劲光说：“副参谋长，你在我头上还捆过一道金箍呢。”

张学思听后笑了起来。

海军三年建设计划、建设方针和组织路线确定了，摆在面前的是如何保证它的实施。这又成了萧劲光思考的重大问题。

萧劲光经过反复思考，在1951年12月召开的海军首长会议上把这个“打好基础”的工作，比喻成“打好三个桩子”，即“组织桩子、政治思想桩子、技术桩子”。

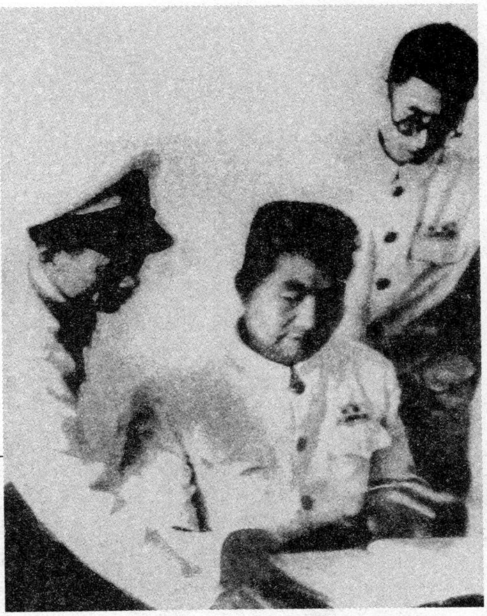

萧劲光从海军建军初始就十分重视院校建设，明确提出“建军先建校”工作思路，图为萧劲光（中）在大连海军学校审查该校航海指挥系教学计划

打好组织桩子的主要内容，是搭架子，铺摊子，把各级和各方面的组织机构建立和健全起来。在周恩来的直接支持下，不到四个月的筹备，就于1950年9月25日，成立了青岛海军基地。

在筹建青岛海军基地的同时，萧劲光考虑到中南地区之海南岛已经解放，所属各港湾急需统一管理，防止破坏；又考虑到中南地区海岸线北起汕头，南及南沙诸岛，还有土匪、特务、海盗肆意骚扰，萧劲光征得华东局书记叶剑英同意，正式给中央军委写了成立中南地区海军的报告。1950年11月2日，中央军委电令中南军区海军成立。

又是在周恩来的直接支持下，海军航空兵于1952年4月成立。

到此，全国海军有了华东军区海军（1955年10月更名为海军东海舰队）、中南军区海军（1955年10月更名为海军南海舰队）、青岛海军基地（1960年8月扩建为海军北海舰队）和海军航空兵。萧劲光又与多方协商，并参照苏联海军的体制，确定团以上机关分为海军、军区海军（含航空兵）、基地（含军区海军航空兵）、水警区（含航空师）、巡防区（含飞行团）这样五级。随之建立了各级党组织以及其他相应的组织机构。

1951年10月，萧劲光（左一）在青岛视察海军海岸炮兵部队阵地，观看炮兵演习

老海军VS新海军

江水一片浑黄。

离码头还有一段距离。萧劲光就叫司机停下车。江面上几只舰船星罗棋布地分撒在海面上，随波起伏着。从威海回来，萧劲光就来到在华东组建的海军江阴基地。

华东军区海军司令员张爱萍向前一步解释说："舰艇分散锚泊是为了防空。"

萧劲光满意地点了点头。他用目测了一下，舰船之间的距离都有两链，一旦有事起锚旋回，都有足够的空隙。

码头边停靠着一艘老式登陆艇。

萧劲光径直来到艇边。艇的形状宽大，长宽相差无几，完全没有现代军舰流线型那种美观漂亮。艇盖用帆布蒙着。

张爱萍叫来人员把帆布拉开。露出里面宽阔的空间。舰艇前面的大门引起萧劲光的注意。

“大门有多少吨?”

“二十五吨，相当于一辆中型坦克的重量。”张爱萍说道。

船铃下一行字引起萧劲光的注意，他走过去，有些字母因锈蚀已经看不清楚了。

“这艘船是美国得克萨斯州1925年建造的，曾参加过著名的诺曼底登陆，舰艇经过两次大修后退役，后来国民党发动内战，美国政府把它赠送给了蒋介石，后来，蒋介石逃跑时，这艘登陆艇和其他几艘的船员一起宣布起义。舰艇虽然年代太久，但船体都还算完好。”艇长走过来说。

“建海军确实难，现在有了老首长您了，我的担子就轻了。”张爱萍对萧劲光说。

“辛苦你了，建到现在确实不容易。”萧劲光说。

萧劲光说的是实话，其中甘苦只有张爱萍自己心中清楚。

华东军区海军成立以后，张爱萍率机关向南挺进，准备随大军接管上海国民党海军。

临行前，张爱萍决定派李进去南京，协助成立华东军区海军南京办事处，负责国民党军海防第二舰队起义军舰及官兵的接收工作，并派出代表协助各舰、艇长按中国人民解放军的传统和制度管理部队，进行政治工作和思想教育；另派一个组去镇江接管起义的国民党海军炮艇大队。

5月23日，解放军向上海市区发起总攻，第九、第十两个兵团奉总前委指示，采取“多路快速跃进、勇猛穿插、迂回包围”的战术，直插市内街道。解放军迅速控制了码头，占领了军舰，封锁了港口，进驻了国民党海军的重要设施。

国民党海军中有不少有识之士，不愿跟着司令桂永清跑，有的起义，有的回老家，还有的改名换姓隐居起来。张爱萍想，建设人民海军，从陆军来的同志是政治骨干和组织基础，但他们最大的缺点是文化低，不懂技术。干海军，不懂海军技术怎么行。他考虑最多的，就是人才。人才从哪里来呢？只有靠党的正确的政策去吸引人才，人才才能从四面八方聚集起来。他决定招聘原国民党海军专业人才，一则为了把舰艇开动起来，二则带徒弟，教陆军同志学技术。国民党海军比较复杂，有什么青岛系、马尾系和电雷系。张爱萍想，管他是哪个派系，只要能为人民海军服务，我们都要！古人云："天下之事，成于同，败于异"，难道我们就不能先求"为中国人民海军建设事业出力"这个"同"，而非要"望人生恨"吗？

现在已到上海，是招贤纳士的时候了。张爱萍很快召开党委会。会上他阐述招贤纳士的必要性、迫切性和重要性，委员们一致通过《成立登记国民党海军人员办事处，公开招收录用国民党海军人员》的决议，并向中共华东局、上海市委和华东军区党委作了报告。陈毅司令员接到报告，立即批复：此策甚好，速办。

6月3日，华东军区海军在上海重庆南路一八二号挂出了一块醒目的牌子：国民党海军人员登记处。

牌子刚挂出，原国民党海军总司令部办公厅主任金声就来向张爱萍报告说，有个名叫曾国晟的海军少将，谙熟造船。上海解放前，他隐居到福州老家去了。

"这人要不要？"金声询问。

"快把他请来。"张爱萍听了很高兴，"这样的人越多越好！"

金声正要走，张爱萍又说："他来了以后，可以先参加登记工作。"

6月11日，张爱萍在上海《大公报》上刊登了一则通告，强调指出："凡曾在国民党海军服务，不论脱离迟早，不论官佐士兵，或阶级高低，不论航海、轮机、制造、枪炮、通讯、测量、军需、医务，或其他行政人员，均可前来登记。"

6月12日,“国民党海军人员登记处”主任孙克骥、副主任陈啸奋、曾国晟、金声四人又联名在上海《解放日报》刊登通告,公布登记办法。

以后,张爱萍又先后派人去青岛、福州、厦门、广州等地,设立办事处或登记处。

全国征集原国民党海军人员正在紧锣密鼓进行时,萧劲光却把心思和精力用在另一批人身上。

原国民党海军人员中,留在大陆的除了一大批基层军官和士兵外,还有几十名国民党的高级军官。萧劲光将这些高级军官逐个进行了摸底。

曾一鼎,原国民党海军第二舰队司令、江防舰队副总司令,海军参谋长,英国海军大学毕业,中将军衔。

郭寿生,毕业于烟台海校,在大革命时期曾加入我党,1949年对推动国民党军第二舰队起义,起过重要作用。

刘隽曾,原国民党海军作战处处长,曾在美国参谋大学学习过多年。

……

车子一会儿就到了海军研究委员会所在地。萧劲光推开门,主任曾一鼎正带着委员在论证海军运输的一个数据。

萧劲光做通了曾一鼎、郭寿生和刘隽曾出山的工作后,又由他们出面联络了十几个原国民党海军高级将领。他们大都有较高的学历,有的担任过蒋介石的侍从武官,有的担任过海军司令部的处长、科长,有的担任过舰队司令……萧劲光把这批人组成海军研究委员会。以曾一鼎为主任,郭寿生为副主任。

当时向苏联海军学习,直接的方法是向当时聘请来的大批苏联军事顾问、专家请教。在海军领导机关,除司令员、参谋长各有一名顾问外,各业务部门也都有顾问。为了区别,萧劲光把苏联专家称为第一顾问团;把曾一鼎的研究委员会称为第二顾问团。

曾一鼎见萧劲光司令员来了,知道有事,便停下了手头工作。

这一段时间,他们出成果不少,整理翻译出版了《美国海军学校海军战术教程》、《英美海军参考资料》、《外围海军资料》。

萧劲光说:“主席想知道一个数据。我在主席面前打了保票,也就是立了军令状。”

曾一鼎说:“萧司令员,你不用说了,我们是不是也同您订个君子协议啊。”

曾一鼎跟萧劲光相处时间虽然不是很长,但两人一见如故,相见恨晚。在海军建设上,曾一鼎没少给萧劲光出主意。

萧劲光跟曾一鼎说了一下毛主席要的数据材料内容。曾一鼎转过身对刘隽曾说:“这一下子你可有了用武之地。”

美国当时对社会主义国家进行封锁,一切都保密。毛主席所要的材料数据又很多,单靠刘隽曾显然是不行的。

“刘隽曾你提供数据材料,我们一起加班加点查阅资料,计算核对数字。”曾一鼎说。

张爱萍陪萧劲光坐小炮艇到江面上停泊的船上看了看,船型因不是同一个国家造的,显得特别杂。船况大都又老又旧. 按照国际上规定的舰艇海上一般服役年限15年计算,这些船都早已过了服役年限。

江防舰队队长萧平将每一艘舰船的吨位、排水量、性能以及武器装备、人员编制情况一一向萧劲光作了介绍。

在座谈会上, 舰队政委陈绍海说:“现在海上舰船由于腐蚀严重,三年没修理,所有的船舰能开动的没几艘。”

萧劲光说:“我国是一个濒海大国,蓝色的国门是中华民族生存与发展的重要保障。在中国近代史上,李鸿章也许是办海军的第一人。他在死的时候从内心发出感慨并说出一句真话:‘我办了一辈子事,练兵也,海军也,都是纸糊的老虎。’海防衰败,曾使中国蒙受了长达20年之久的奇耻大辱;海权沦丧,几乎断送了一个生机盎然的民族。历史把这副重担交给我们,我们都没有退路……”

萧劲光站在青岛海边,吮吸着浓烈的海气。他感到心胸从没有这样畅快。大海的色彩由深至浅地递变着。

远处几个战士已经走到深海,海水已经打湿了他们的衣服。

萧平说:"萧司令员,我是不是给他们强调一下,不准进海只准在海边看看就行了。"

萧劲光摇了摇头说:"没事,叫他们尽情地玩吧。不经过练翅的雏鹰永远也成不了真正的鹰。既然要叫他们成为真正的水兵,不熟悉水性怎么行呢?"

"他们在陆地上是英雄,在海上会不会成狗熊呢?"萧平看了看萧劲光笑了。

"是金子在哪里都会发光,你等着瞧吧。"萧劲光说。

萧劲光专程从北京来,就是来看这三百官兵的。

这三百穿陆军服装的干部战士是中午到达青岛的。

萧平前天打电话请示萧劲光,这批人到达后怎样活动?

"看海,什么时间看海看不出新意来,再上船。"萧劲光说。

从全军抽调这三百英雄到海军,是毛主席点头、各大军区一路绿灯放行的。

陆军来的三百名干部战士在海边玩了整整一天,便将他们分到船上。海军没有专门的学校,只好在实践中学,在学中干了。

上船不久,令萧劲光意想不到的问题出现了。

一个是团结问题。组建海军的人员来自四面八方,有的来自各大军区,有的来自别的兵种,有的来自地方院校,有的来自原国民党海军。各个部队之间、上下之间、新老之间、中国人与苏联专家之间,都难免产生矛盾。其中从陆军来的"新海军"与原国民党海军人员之间的矛盾且为尖锐。

有些原海军人员由于自己有文化、有技术,瞧不起从陆军来的"土包子";有的埋怨党组织和工农出身的同志不信任他们,而那些积极靠拢党组织的人又受到讽刺;有些来自陆军的同志则因为自己经过战斗考验,觉得"打仗还得靠我们",原海军人员是"手下败将",没什么了不起。当时舰上的舰长差不多都是原海军人员担任,政委和副舰长则是来自陆军的

1951年11月16日，萧劲光在海军第一舰队对部队讲话，号召指战员努力学习，熟练掌握技术，坚定政治方向，不断提高战斗力，为建设一支强大的海上武装力量而奋斗

干部。有的军舰竟闹到战士看见舰长不敬礼，舰长和政委互不讲话，舰长和副舰长动手打架的地步。

对此，萧劲光亲临演说，苦口婆心："现在我们都是共产党领导的人民海军一员，中国的海战历史，与中华民族的荣辱兴衰有着密切关系，有过震撼世界的辉煌，也有落后挨打的呻吟；有屈辱的血泪，也有不屈的呐喊。我们脚下这片蓝色海洋，需要我们共同来书写辉煌。"

另一个是事业心问题。从陆军来的同志绝大部分工作不安心，认为调来干海军是"逼上梁山拖下水"。

"舰艇就那么巴掌大的一块地方，在海岛上也是抬头见天，低头见水，海军生活太单调了！"

"海军靠技术吃饭，这个饭碗咱端不了。"

"干海军，个人发展慢，不如干陆军，打一仗可以连升几级。"

思想包袱比较重的，工作提不起劲来，一再写报告要求调出海军；思想包袱轻一些的，则由于当时上级号召要积极准备解放台湾，怕别人说自己贪生怕死，暂时没要求调动，私下里却盘算着"打下台湾再说"。总之，愿意干海军，扑下身子来想为海军干一番事业的人不多。

针对这种情况，萧劲光便大力加强爱国主义和革命英雄主义教育，提出了许多响亮的口号，例如："守卫海洋国土，是我们最神圣的任务"，"要做海上主人，不做海洋奴隶"，"热爱海洋，征服海洋"，"把荒岛建成乐园"，"把岛屿变成国防堡垒"，"以海洋为家、以舰艇为家、以海岸和岛屿为家"，等等。

应该说,这些口号直到今天,对海军广大指战员来说,仍然有着巨大的鼓舞作用。当然,在着重解决思想问题的同时,萧劲光还要求各级领导尽可能解决部队的一些实际问题,不断改善部队的物质、文化生活。

隔海相望,"共产党海军是痴人说梦"?

海峡的对面,一出由桂永清导演的话剧上演了。

基隆港内一艘艘战舰早已列队完毕。

上午九时,蒋介石在海军司令桂永清的陪同下登上"太康"号战列舰。信号台上两名信号兵立时升起两面标志旗舰的旗帜,滑轮吱吱呀呀地将两面旗帜上升到青天白日旗下停住。

两颗绿色信号弹腾空而起,在天空中划下了一个大大的弧。

战舰一艘接一艘离开港湾。蔚蓝的海面立时沸腾了。

海面上的舰船按照旗舰上的旗语在不断地变换着队形,梯形、三角形、菱形……

马达轰鸣,舰船喷吐出的浓浓烟雾不断地扩散。海面上没有风,烟雾聚集着、靠拢着,在海面上形成浓厚的层积云。

蒋介石身着大元帅服站立在二层甲板上,神色威严地注视着各种舰船变换着的队形。

在海上检阅海军在他来说虽不是第一次, 但往日几次规模都很小,唯有这一次,他才感到那颗压抑太久的心轻松了一下。

一艘艘战舰在和他的旗舰相遇时,都拉响了致礼的汽笛。每一艘战舰经过旗舰左侧时,蒋介石都抬起戴白套的手挥手致意。

海面上风大了起来。

桂永清要给蒋介石披上一件呢子大衣,后者制止了。

海上阅兵整整进行了一个小时。

船缓缓地驶向码头。

桂永清扶着蒋介石下船,看着载蒋介石的车队走远。然后钻进来接他的车里。

车出了港口,沿着繁华的台北市疾驶。桂永清无暇顾及街道两边的景色。他从刚才喜悦的心情中走出来。这次海上阅兵无论是在规模上还是在吨位上都是空前的,也是非常成功的。现在还有一项更重要的工作要他去做。

“一切都准备好了吗?”他问带车的秘书。

“一切都按司令您的旨意去做的,法新社、美联社所有能请到的外国记者都请来了。”秘书转过头来回答道。

举办这次记者招待会是这次阅兵的一个很重要的内容,目的是想通过他们,使中共和世界知道他们的能力和进攻大陆的决心。

小车缓缓地停靠在一座豪华的五星级宾馆面前。桂永清走下车,在秘书的引导下来到大厅。大厅里嘈杂异常,桂水清走向讲台,连声说道:“请安静,请安静。”

嘈杂的人群立时安静下来。

“诸位辛苦了,告诉大家一个好消息,这次海上阅兵非常成功。”桂永清说。

下面是记者提问。

法新社记者问:“反攻大陆,以现在船的数量和吨位是否有这个能力?”

桂永清听完提问,深深地吸了口气说:“完全有这个能力,刚才诸位已在岸边目睹了这次阅兵的实况。在座的应该有这个感触:军舰之多之快都是前所未有,况且舰上的官兵都训练有素。”

美联社记者:“听说最近‘共军’已宣布要建立海军。如果真的是这样的话,‘国军’海军优势能保持多久?”

桂永清笑了笑。

“大家都知道,海军是一个很复杂的兵种,共军一穷二白,不要说舰船没几艘,就是加上木船也没有多少条。愿望是好的,共产党建海军无异是痴人说梦，不可能的事。如果真的共军建立海军，只得海上一战，就可以把共军海军这个兵种从军队编制中消除。”

台北。基隆港国民党海军总司令部临时办事处。

二楼会议室里，各舰队司令以及有关人员都陆续到齐后，桂永清站起来说道：“诸位，今天叫大家来，除了正常的研究海军发展的情况，还有一个重要的消息告诉大家。”

这是桂永清复职后的第一次一扫往日低沉的情绪，以这种心情对部下讲话。他从黄埔军校出来，由代理排长到海军中将，先后经历了五次丢官又四次升官。1949年2月25日，“重庆”号巡洋舰“叛逃”，蒋介石一怒之下撤了他的职。蒋介石退到台湾后，又重新任命他为国民党海军总司令。

“诸位，不要愁眉苦胆的，都抬起头来，挺起胸来！”

在座的这才一个个打起精神，等待桂永清说下去。

“通报你们一个好消息：中共的海军要完蛋了。”桂永清不屑一顾地说，“哼！共产党虽然建起了什么海军，营养不良也得早夭。”

在座的一听，面面相觑起来，共产党海军怎么完蛋了呢？情报部门已经通告过，中共海军五大兵种——水面舰艇部队、潜艇部队、航空兵部队、岸防兵部队、陆战队都先后组建起来了，而且还在扩大。

桂永清早就想到会出现这种情况，说：“大家千万不要被一些表面现象迷惑，共党的海军表面上看似乎是在上升阶段，其实内部存在许多问题：资金短缺，人员缺乏……当然，这上述的还不能说明共军海军已经死到临头，现在我们的西方朋友都已公开宣布对中共实行海上技术封锁和禁运。”

参加会议的听了，有的微笑点头，有的沉默不语，还有的只是摇头叹息。

“你们不信？”桂永清扫视了一下会场，声音又提高了几度，“你们不信，我信！”

桂永清复职以后，根据蒋介石的指令率领海军代表团密访了美国海军。在访问期间，除了他想得到的一些舰船外，美国海军部长曾亲口对他说过：“要联合其他盟国一起对共产党海军进行封锁。”

这次召开会议,桂永清是根据蒋介石的指令,给海军鼓劲打气,增强信心。

“我们要配合西方朋友对中共实行封锁,一旦实施成功,中共海军还能不夭折?”

海军建设下一步将何去何从,一个大大的问号占据萧劲光的脑海。他没有回家,径直来到办公室。办公室桌子上一张报纸的大标题赫然映入他的眼睛:共军海军处境维艰。

这是一张《香港时报》。报纸在头版头条刊登着国民党海军司令桂永清讲话的照片。

萧劲光和桂永清见过几次面。

国共合作时,萧劲光在南京开会,曾和桂永清在一个小组。那时桂永清还只是国民党海军的一个部门长官。

照片上的桂永清身躯比原来肥胖了许多,脸上掩饰不住骄狂。

萧劲光浏览了一下文章的内容,随手把报纸扔在桌子上。

报纸上桂永清说的都是实话,现实情况比桂永清想象的还要复杂。

萧劲光从总部到毛主席居住的中南海坐车不用二十分钟就到了。

毛主席放下手中正在看的书,指了指旁边一个沙发。

“坐吧。”

萧劲光坐定后,将海军建设的情况给主席汇报后,说道:“主席,我们通过英商定购的船,英商不给我们了。”

苏联海军当时也很困难,那时离第二次世界大战结束才五六年,武器装备也比较落后。英国造船业起步早,生产航船的能力较强。新中国成立后,为了加速海军的发展,萧劲光通过香港爱国人士同英商商讨购买两艘排水量七千吨的巡洋舰、五艘护航驱逐舰。当时已经谈好,主席也签字同意。

英国一直是支持扶植蒋介石的,在渡长江时,英军舰向我挑衅,我军奉命向英舰开火,英国舰队被迫溃驶上海。

人民解放军炮击英国军舰的消息震动了世界。

路透社报道:“共军”在扬子江炮轰四艘英国军舰,在美国引起全国轰动,美国权威人士对英国海军死伤之重感到惊讶。纽约各报均以最大字号发表了这一新闻。

在伦敦,舆论为之大震。

法国所有的报纸都用通栏标题登载这一新闻。

瑞士报纸称:共产党和英国因此而带来的仇恨在本世纪无法弥合。

事情果然被毛主席猜中了。

英商请示英国政府时,英国政府断然拒绝将军舰卖给中共。

“英舰之事,下午恩来已经跟我说过了,不过这也没有什么了不起的,东方不亮西方亮。他们不卖给我们,我们可以想别的办法嘛。看来,真的愿意援助我们的只有苏联一家啊!”

萧劲光谈了自己的一些初步设想,请求苏联帮助增加顾问教官、舰艇、飞机、武器、装备。

毛主席说:“总理前段时间不是已跟苏联订货了吗?”

为加快建成几支舰艇编队,1950年4月,周恩来总理致电布尔加宁,提出了急需的一批舰艇、飞机和岸炮,具体数字是萧劲光提出的。

萧劲光回答说:“苏联到现在还没答复。”

毛主席沉思了一会儿,说:“我给斯大林写封信。”

毛主席喊了秘书,说道:“为了更快地巩固中国的国防,我以中央政府的名义,请求增加顾问、教官,及1951年计划中所需舰艇、飞机、武器、装备……”

苏联老大哥“慷慨襄助”

毛泽东主席去苏联参加斯大林的七十寿辰时,萧劲光曾陪毛主席拜见过一次斯大林。毛泽东把萧劲光介绍给斯大林后,斯大林说:“海军不同于陆军,海军是一个技术全面,比较复杂的军种,要办好困难很大。”

1951年，萧劲光（左一）与苏联专家研究舰船修理施工方案

“这还得请斯大林同志给予帮助。”萧劲光用流利的俄语虔诚地说道。

斯大林对萧劲光俄语如此流利感到吃惊。

“这可是我们的大知识分子啊，他先后两次到苏联学习过。”毛泽东说。

“那可以授苏联荣誉公民了。”斯大林说。

说笑了一阵子，斯大林对在座的苏联海军驻旅顺口司令员库德良夫采夫说：“只要我们有能力就尽可能帮助。”

“我要是邀请您来给我们当潜艇部队的顾问如何？”萧劲光对那位海军司令说。

“我？”库德良夫采夫显然一点思想准备也没有。

“怎么，不可以？”萧劲光又进一步。

“当然可以，只要您萧司令员发来邀请函，我就去。”

萧劲光和驻旅顺口苏联海军司令库德良夫采夫的戏言，没想到果然成真。两年后，库德良夫采夫拿着萧劲光的邀请信，正式出任解放军海军参谋长顾问。

萧劲光第一次率代表团到苏联访问时，在购置和要求转让各种装备、技术磋商会上，驻旅顺口的苏联海军司令库德良夫采夫和驻大连苏军司令别洛博罗多夫都在场。

那一次，订货会很成功，向苏联购置了护卫舰、潜艇、扫雷艇、大型猎潜艇、远航鱼雷快艇等五种型号舰艇的全部技术图纸资料和一批材料设备。

别洛博罗多夫还神秘地笑了笑说："萧司令员，一切都好办。"

飞机是从北京飞往大连的航班。这是第二次打交道了。

根据中苏联合公报，为磋商和处理旅大地区防区防务的交接问题，成立了中苏联合军事委员会。这个委员会由中苏双方各派一个代表团组成。苏方军事代表团主席是驻大连苏军司令别洛博罗多夫上将。中方军事代表团主席是萧劲光。

萧劲光和别洛博罗多夫一起步出机舱。别洛博罗多夫刚下舷梯，解放军副总参谋长邓华就迎了上去。

"一路辛苦了。"邓华向前握着别洛博罗多夫的手。

为了处理好接收事宜，中方还成立了旅大地区接收委员会总会。邓华为总会的负责人，他是一天前赶到大连的。

别洛博罗多夫和萧劲光一行上车后，车队急速驶出了机场。只一会儿工夫就到了旅大苏军招待所。

"我们是不是先拟定个接收装备具体计划？"萧劲光来不及收拾，就问邓华。

"这么多的装备，不列个计划怎么能行？"邓华说。

"苏军不是答应给清单了吗？"

"清单他们上午已经送来了，你拿回去看一看。"邓华将一本厚厚的打印稿递过来。

"我马上回去看看，然后是不是我们开个会讨论一下，安排一个接收工作的时间、步骤和方法。"萧劲光望着邓华征询道。

"我也这么想，只是你先休息一下再说，长途坐飞机很劳累。"

交接在顺利进行。从潜艇上回来,海军参谋长周希汉把器材价格明细表拿过来。萧劲光看了一下,感到很满意,苏军的一些器材价格都打得比较低。

"库德良夫采夫人不错,许多废旧器材都没算价。"周希汉说。

"什么时间签约?"萧劲光问道。不签约这些纸都是废纸。

"库德良夫采夫说请示一下国内,没有什么意外最近就签约。"

"多催着一点,防止节外生枝,夜长梦多。"

一切都按计划进行时,中央派的慰问团来了。

演出在露天。没有风,阳光普照,使人感到浑身暖融融的。在正式接收前,中央组织了一个慰问团赴旅大慰问苏军。团长是彭德怀,副团长是宋庆龄。萧劲光引着彭德怀、宋庆龄和其他团员拜访完苏军旅大基地官兵后,正联系给苏军慰问演出时,一件意想不到的事情发生了。

慰问团来的第二天,苏联从莫斯科又派来一个代表团。

库德良夫采夫打电话要求紧急会见萧劲光。

萧劲光驱车来到库德良夫采夫驻地时,库德良夫采夫早已在门口等候了。

"你们派来这样高规格的慰问团来慰问我们,我们都很感动。只是有一个情况要告诉你,我们原来订的准备签约的武器装备价格表,刚来的代表团给全否了,他们要重新评估现有的武器装备价格。我跟他们力争过,但是不行。我把你紧急召来就是要告诉你这个情况,你们要有心理准备。"库德良夫采夫急切道。

事情来得太突然,萧劲光急忙赶回来召开会议研究对策。

会上代表们对苏联海军的出尔反尔非常气愤。有的建议把慰问演出取消,以示抗议。

这样大的决定,每一个代表团成员的意见仅供参考,最后还得由团长萧劲光来定。

从库德良夫采夫那里听到这个消息后，萧劲光大脑一直没有停止过思索。

“苏联从莫斯科派来的这个代表团，实际上是一伙军火商，跟这些人讲感情是不大起作用的，我们要从两个方面做工作：一是把所有装备的造价弄清楚，二是要做苏军代表团的工作。至于慰问演出，定的是明天上午，按原计划不变。”萧劲光对众代表说。

第二天清晨，所有舰船破例都挂满了旗。

上午十点，彭德怀、宋庆龄以及其他随行的慰问团成员来到主席台时，场上掌声雷动，一片沸腾。对于苏军官兵来说，见到彭德怀和宋庆龄是他们不敢想象的，宋庆龄那传奇般的人生以及彭德怀在朝鲜超群的指挥艺术，都磁石般地吸引着他们。今天，当他们有幸亲眼目睹这两位缔造历史的人物，怎能不激动和兴奋？

彭德怀说：“我受党中央、毛主席的委托前来看望和慰问苏联全体官兵。你们辛苦了，在解放战争和抗美援朝中，苏联人民给予了我们很大的帮助和援助，在这里我想通过你们来转达中国人民的感激之情，让我们两国的友谊地久天长，中苏两国人民万岁。”

彭德怀讲完，驻旅顺口苏联海军司令库德良夫采夫海军少将致答谢词后，慰问演出开始了。

港口在演出的同时，萧劲光和苏方代表就武器价格在进行谈判。

谈判桌上出现令人尴尬的僵局。

从早上七点到现在，装备定价都没有谈妥。苏联代表团团长费多尔·克谢诺丰托维奇甚至在谈判桌前暴怒地跳了起来。

“这个价格你们再不同意，我们就不卖了，你们没诚意！”

“克谢诺丰托维奇上将，请不要激动，不是我们没诚意，为了这笔买卖，我们国家派出了最高规格的代表团来慰问你们，相反，你们的装备价格一变再变。”萧劲光说。

“可你知不知道造一艘舰艇、一门炮、一部雷达所花费的代价，我们所订的价格只是其造价的一小部分，象征性的，不信你问一问费多斯·奥夫恰尔和莫洛托夫。”克谢诺丰托维奇指着代表团当中两位舰炮专家说。

“奥夫恰尔、莫洛托夫,你们告诉萧司令,我说的是不是真话。”见奥夫恰尔和莫洛托夫不说话,克谢诺丰托维奇便又催逼道。

萧劲光从周希汉手里拿过一大本表格,扔到克谢诺丰托维奇面前,说:“就不用劳驾二位了,你们舰船枪炮造价表都在这里,我真想不明白,克谢诺丰托维奇上将,这些装备好多你们已经用了两三年了,现在卖给我们反而比新造的还贵。”

克谢诺丰托维奇接过萧劲光扔过来的本子只翻看了两页,他的手便僵硬在空中。这是一本各种装备价格明细表。各种武器价钱都标得很清楚,甚至有几项装备连他也不知道价格而这上面都标注上了。他在内心里不由得对萧劲光敬佩起来。只是他弄不明白,这么详细的数据,苏联是不会提供给他们的。他本来想利用这次交接装备的机会大赚一把,没想到会出现这种场面。他做梦也想不到,这些准确的数据正是他带的代表团成员,被萧劲光和张学思用“各个击破”不达目的不罢休的劲头,“动之以情”告诉萧劲光的。

这一招杀手锏果然见效,克谢诺丰托维奇高傲的气势立时被打下去了。

为了不使克谢诺丰托维奇太尴尬,萧劲光说:“克谢诺丰托维奇上将,任何东西都可以有价,但友情是无价的。我们不应该在这些事情上斤斤计较,还要用长远眼光着想,您说对不对?”

话说到这个份上,克谢诺丰托维奇心里也明白,再坚持已经没有什么意义,不如趁机找个台阶下台。

室内僵硬的气氛随着克谢诺丰托维奇态度的转变而缓和了许多。双方虽然还在价钱上讨价还价,但已基本合理。

港口处慰问演出的歌声和掌声随风传来,萧劲光见克谢诺丰托维奇被歌声吸引已有点心不在焉,便走过去。

“克谢诺丰托维奇上将,大原则定了,下面就由莫洛托夫和周希汉他们磋商吧，我们俩现在的主要任务是去看演出。”

“对，我也正有此意。”克谢诺丰托维奇站起来说道。

萧劲光(左)与苏联专家商谈军港建设计划

港湾内彩旗飘舞，气氛一片热烈。萧劲光和克谢诺丰托维奇来到港内时，台上正在演唱苏联歌曲《喀秋莎》。这亦战歌亦情歌的熟悉的旋律一下子唤起台下成千苏联官兵埋藏在内心的情感，台下一起跟着唱了起来……

萧劲光也被这浓烈的气氛感染了，他也跟着唱了起来。彭德怀利用台上报幕的间隙问萧劲光：“怎么样，这块硬骨头难啃吧？”

“劳力费神，相当于打了一场战斗哇。”萧劲光揉了一下发胀的脑袋，从昨天晚上到现在他还没顾上合一下眼。

“苏军在旅大有八十架鱼雷飞机，需要花费很大一笔钱，你考虑要不要接收过来?”彭德怀转过头来征询地看着萧劲光。

“要，一定要接收过来，经费不够从其他项目上挤一点。”

萧劲光到苏联访问参观苏联海军航空兵时，曾看到一架架飞机飞翔在天空，巡视游弋在海面上的舰船，内心里就坚定了一定要建立起中国海军航空兵的信念。

两年以后，当彭德怀视察了海军航空兵第五师精彩绝伦的飞行表演，连声赞叹：“不错，确实不错，中国海军航空兵也可以和西方大国海军航空兵相媲美。”

正是萧劲光用在旅大接收的八十架小鱼雷机，组建了这支海军航空尖兵。

演出空前圆满。

第九章 海上鏖兵

★一江山岛——迅雷不及掩耳

★炮击金门,先声夺人

萧劲光说:“我开始也糊涂。这种打法可以说是今古奇观。现在我明白了。象征性的单日打炮,是为了反对美国的‘停火’阴谋和蒋介石拒绝谈判的顽固态度。表示战争仍然存在;双日不打,实际上取消封锁,有意让国民党军固守金门,是为了将美蒋继续拖在金门、马祖不能脱身,并向台湾当局和广大军民表示共产党和平解决的诚意。这种打法单纯从军事上看,确实为许多人所大惑不解,但它是毛泽东的军事策略在战争中的一次生动体现。”

1958年，萧劲光与刘亚楼在天安门城楼上合影

一江山岛——迅雷不及掩耳

1954年，初冬，我解放军海军和国民党海军第一次交手，击沉对方主力战舰“太平”号。不仅整个台岛一片哗然，等着看“土共”笑话的若干西方国家也大吃了一惊。

1954年12月2日，台湾国民党当局“外交部长”叶公路和美国国务卿杜勒斯，分别代表台美双方在华盛顿签署了《台美共同防御条约》。

联合声明一公布，在世界上引起轩然大波。

12月8日，中华人民共和国国务院总理兼外交部长周恩来代表中国政府发表声明：在谴责美国武装干涉中国内政的同时，表明中国人民绝不会容忍美国在防御的名义下侵略中国的台湾和澎湖。

为了打击美国人的嚣张气焰，1954年5月，中国人民解放军渡海作战部队先后攻占大陈列岛的东矶山、头门、高岛、龙金岛、雀儿岱，拉开了解放沿海小岛的战幕，海军都做了充分周密的准备。

一江山岛之战，开始并不是直接针对美蒋搞的“共同防御条约”，早在1952年就提出来了。不过，为了警告蒋介石和美国，我军加速了解放一江山岛的进程。

一江山岛岛屿虽小，国民党却一直很重视，把一江山岛看作大陈岛的“大门”。这从台湾岛传来的许多消息都证明了这一点：把驻守在一江山岛的官兵称为台湾“北大门的卫士”；美国顾问团团长视察了一江山岛，决定要“加强这扇北大门”，以“保卫自由世界”的“钢铁堡垒”；台湾的“国防部长”俞大维陪蒋经国登岛向官兵训话，说：“一江山岛是大陈的门户，大陈是台湾的屏障，一江不保，大陈难守；大陈失守，台湾垂危！”

种种迹象表明，美国和台湾当局把大陈岛看作“反攻大陆”的前进基地，而把一江山岛又当作“大陈的大门”。一江山岛对台湾当局如此重要，想轻而易举地拿下一江山岛显然是不现实的，这就必须做充分的准备。

经反复斟酌，决定解放军三军联合作战，共有十七个兵种，二十八个战术群，与敌人相比，占绝对优势。其中，步兵四个加强营，三千六百人，三倍于敌;炮兵四个营又十二个连,火炮一百一十九门,高炮六个营六十门,五倍于敌。

“这是数量上的优势,但是这样多兵种在战斗时怎样才能发挥最大优势登陆作战,可叫舰艇在不同天气设计情况下进行演练。”萧劲光说。

毛主席根据浙江前沿指挥所报来的情况,确定于1955年1月13日至19日之间完成三军联合进攻的战斗准备。

为了麻痹转移国民党军的视线和注意力,浙江前指派出了百余架伊留申二八轰炸机轮番轰炸上下大陈岛,大陈岛上炸弹的爆炸声震耳欲聋,大火和硝烟弥漫着整个岛屿,在爆炸的气浪中,敌军四处逃窜。大陈岛损失巨大。

台湾急令海军对大陈岛实施运补。为了防止海岸遭受“共军”飞机的轰炸,海上补给选择在晚上,漆黑的海面上,六艘国民党护卫舰护卫着四艘补给船,缓慢向大陈岛驶来。虽然船队实施了严格的灯火管制,但仍被高岛上的雷达发现了。

情况报到张爱萍那里。

“蒋介石又给我们送礼来了,收还是不收啊,怎么处理?”参谋长王德问。

“来而不拒,打!”张爱萍说。

王德拿起电话下达了鱼雷快艇出击命令。轰炸大陈岛的同时,根据萧劲光的指示,海军一切战斗舰船都做好了一级战斗准备。大队岸上指挥所接到“出击”命令后,六艘鱼雷快艇鱼贯而出驶出白岩石港口。鱼雷快艇驶出港口后调整好航向,直扑敌舰。

国民党“太平”舰被鱼雷快艇发射的鱼雷击沉后,国民党海军加强了警戒和防范,并专门研讨了对付鱼雷快艇的方法。离大陈岛越来越近了,雷达上仍然一片岛影,海面上没有什么异样,旗舰“临江”号护卫舰下达准备靠岛的命令。

就在“临江”号下达命令的同时,六艘鱼雷快艇以每小时五十二节的速度高速向敌舰群冲去。鱼雷快艇高速旋转的螺旋桨掀起巨大的水柱。敌舰队接到旗舰“临江”发来的旗语，都放慢了速度开始调整队形。

鱼雷快艇离敌舰越来越近，已进入规定攻击距离，带队的李玉谦仍然紧紧地盯着敌舰，一面熟练地操纵着舰艇，一面灵巧地躲避一个个凶猛的波浪，迟迟不下达发射鱼雷攻击的命令。鱼雷快艇离攻击的舰群只有三百米时，李玉谦下达了攻击的命令。

早已心急得不行的其他鱼雷快艇在听到命令的同时，都拨动了鱼雷发射装置，十几枚鱼雷呼啸着向各自的目标扑去。

“临江”号护卫舰雷达一直在开着，但由于快艇已驶进雷达的盲区，雷达根本没发现。前甲板瞭望哨是借着大陈岛灯光的反光才看清了那急速而来的鱼雷。起初他以为是几条夜游的鲸鱼，但当他明白过来是鱼雷时，还没来得及报告舰队进行规避，两条鱼雷已先后扑向“临江”舰的左舷。随着两声巨响，“临江”护卫舰左舷炸出两个大洞，汹涌的海水涌进机舱，只一会儿工夫，“临江”号舰失去动力并开始倾斜下沉。“瀛江”号右舷也中了一枚鱼雷，失去动力。鱼雷快艇发射完鱼雷，高速撤离战区。几条战舰靠拢过来想拖带“临江”护卫舰，还没等靠拢过来，“临江”舰就沉没了。“瀛江”号被两艘护卫舰架着拖返。

萧劲光得知国民党海军在遭到“太平”舰厄运，“临江”舰再次受创后，打电话给华东海军：“为了更好地配合三军联合作战，舰艇要寻找国民党海军舰船作战，消耗国民党海军的有生力量。参战海军部队要利用类似一江山岛一样的地貌地形进行登陆演练，最大限度地发挥出整体配合的效能。无论是在什么样的情况下，都要做到准确无误地登上预定地点。”

为了更好地指导，萧劲光还特地把几个苏联专家派到华东海区，以便更直接地指导部队登陆演练。

此后一段时间，解放军海空军频繁出动，不断袭击大陈舰艇，国民党军舰在遭到连续打击后，为避免损失，被迫退出南麂岛外沿，浙海门户洞开。

根据作战部署，由我第二十军之第六十师四个步兵营组成的登陆部队，18日拂晓前到达头门山、金门岛待命。

八时，空军三个轰炸机大队和两个强击机大队在歼击机掩护下，飞抵一江山岛上空，对敌指挥所、炮阵地以及其他重要设施实施猛烈的轰炸突击。一时间，一江山岛浓烟滚滚，尘土乱石飞扬。机群投下的炸弹像暴雨般落在预定目标上。大陈岛与一江山岛的通信联络全部被炸毁，一江山岛上的各个重要设施大半被削为废墟。

一江山岛上的国民党守军做梦也没有想到我方选的攻击的目标会是该岛，当守军还没有从猛烈的轰炸中清醒过来，设置在头门山头的陆军和海军炮兵群，又进行了七次火力急袭。把一万二千发炮弹倾泻到了一江山岛上。

一江山岛上的爆炸声还没有停息，由三十八艘护卫舰、炮舰、护卫舰和火箭炮组成的一支支编队，抵近一江山岛，从各个角度，向敌军阵地轰击。

张爱萍从飞机开始第一次轰炸到各舰船对岛的轰击，一刻也没有离开指挥室。参谋们陆续把各种战报报上来，他简单地看了一下，便走出指挥部。远处一江山岛被炸弹炸起的烟雾所完全包裹。海边所有的舰船已经都启动了，登陆的部队已各就各位，舰上的军旗在海风中猎猎抖动。

张爱萍下达了命令：登陆运输队起航。

一时间，从高岛、雀儿岱和头门岛三个地方所有的船同时向一江山岛方向驶去。

一江山岛离各舰船出发点只有五海里。十几分钟后，各种舰船已到了中途。

舰艇在海中排好登陆队形后，加速向一江山岛的海门礁、乐清礁、三山礁、向阳礁等各个突出部位疾驶。

为了配合部队登陆，空军、海军轰炸机编队对一江山岛守军实施了第二次航空火力攻击。舰载的几门火箭炮对北江岛第二次齐放。

在强大火力的支援下，舰艇都按照当先设置的目标进行登陆。此时，正是高潮，涨潮带起的大浪把船向岸边推，船稍微把握不住方向就会被横浪推到岸边。舰艇登陆必须要快，舰艇有的还没有接近岛礁，就把大门提前放开。战士们两眼盯着登陆点。

敌人开始向逐渐靠岸的舰艇射击，开始了他们的“歼敌于水防”计划。

一时间，滩头上子弹雨点般地飞来，许多海军船面工作的战士牺牲了，有好几位在指挥台上指挥的艇长牺牲了。艇长牺牲后，副艇长接着指挥，有的舰船干部牺牲后，航海班长接着指挥……他们努力驾驶着舰艇靠上岛礁。在密集的弹雨中，一艘艘船登上岛礁，战士们立即冲出大门，呐喊着向敌群冲去……

潮水般冲上来的登陆战士几下便冲垮了敌人防线。

海上登陆护卫的舰艇用船上的各种高射机枪和火炮直接瞄准，炮击敌目标。

二〇三高地是一江山岛的最高点、主阵地。舰艇火炮连续袭击了几分钟，接连摧毁了敌人四个地堡。十五时零五分，五连已经负伤的连长毛坤浩扛着红旗奔向山顶，把红旗插上二〇三高地。

这面被打得弹痕累累的红旗，战后被中国人民革命军事博物馆珍藏。

国民党守军司令王生明被炸死，第四突击大队长王辅弼被我军二营六连十一班班长傅德昌在二〇三高地地堡里活捉。

一六〇、一八〇、一九〇等三个高地，也先后被攻克，并插上了红旗。

解放一江山岛的主要战斗，自登陆突破算起，仅用了三个小时便结束了。

战斗停息，战火的余烟袅袅升腾着。张爱萍乘坐一艘鱼雷快艇来到一江山岛，巡视战场，思潮奔涌。

解放军陆、海、空三军首次联合作战，解放一江山岛战役打得干净利落。人民解放军一举攻克一江山岛，给了《台美共同防御条约》一个有力的回击。

炮击金门，先声夺人

1958年7月，国际形势趋紧。美英两国为了维持其在中东的殖民利益,悍然出兵干涉中东人民的解放斗争。7月15日,美国海军陆战队三个营登陆黎巴嫩首府贝鲁特。两天后,英国空降约旦,此时,国民党台湾当局为策应英美在中东的军事入侵,开始制造海峡的紧张局势。他们在沿海地区制造事端、频繁骚扰,还不断组织海军演习。国民党军队的高级将领接二连三到金门、马祖地区活动。

为了声援中东人民的正义斗争,反对英美的侵略行径,我国各大城市进行了二十四小时的示威游行,北京的空前大示威达到了一百五十万人次。海军机关的官兵,也参加了北京举行的示威游行。

1958年7月18日夜,北京城华灯初上。中央军委在怀仁堂召开紧急扩大会议。到会的有彭德怀、贺龙、徐向前、聂荣臻、陈毅、林彪六位元帅,总参谋长粟裕,副总参谋长黄克诚、陈赓,海军司令员萧劲光四位大将,以及空军司令员刘亚楼,炮兵司令员陈锡联,工程兵司令员陈士第,总政治部主任萧华,总后勤部部长洪学智五位上将等一批身经百战、久经沙场的我军将帅。

毛泽东目光扫视在座的每一位将领,用他那浓重湖南腔说道:

"美军在黎巴嫩登陆,英军在约旦登陆,镇压中东人民的反侵略和民族解放运动,我们游行示威是一个方面,是道义上的支援,从政治上打击帝国主义。同时,我们不能限于道义上的支援,而且要有实际行动,政治局做出一个决定,炮打金门。"他顿了顿,接着强调,"金门、马祖是中国领土,打金、马是我们的内政,在政治上有理,在军事上有利。美国找不到借口,反而对美国有牵制作用。"

会后,解放军总参谋部很快作了战斗部署。下达给海军的任务主要是协同陆、空军,海岸炮兵打击敌人的运输、战斗舰艇,控制敌舰船的停泊点和飞机场,压制敌远程炮兵阵地;水面舰艇则在海岸兵的协助下相机打击敌航行和停泊的舰艇,切断敌人的海上交通线;海军航空兵配合空军作战,夺取福建沿海的制空权。

任务明确后，海军召开了党委扩大会议。会上，萧劲光传达了中央政治局、军委扩大会议精神和毛泽东主席的讲话。

“这次任务重大，极可能导致同拥有世界上最强大军力和庞大核武库的美国再度直接对阵、较量。我们同美国打了三十三个月，把他的底摸熟了。事实证明他并不可怕，但我们要设法完成中央下达的任务，把困难尽可能想得细一些，我的意见是把海军指挥所放在厦门，由东海舰队副司令员彭德清具体负责海军这次行动。”萧劲光说。

他又对彭德清交代：“主席的意图是打金门不打马祖。打金门但不准备打台湾，这一点要非常清楚才行。这一次打蒋介石不打美国人，我们只在我们内海打，不到公海去打。我们对金门实行全面封锁但不准备登陆，这次打金门是三军协同，以陆军为主。要服从陆军……”

与福建长期未进驻飞机的形势相对应，在厦门海域，海军也只部署了少量岸炮和快艇。根据中央决定，萧劲光决定派一支鱼雷快艇部队协同三军这次重大行动。

萧劲光指示：隐蔽隐蔽再隐蔽，保密保密再保密，必须万无一失地把鱼雷快艇送到敌人身边，藏在敌人眼皮底下。

这一下子可给东海舰队司令员陶勇出了个难题。

鱼雷快艇从上海到厦门航程七百海里。在这样长的距离上航行，要想顺利通过敌人的封锁线，白天难以进行的，即便夜晚，要想躲开敌人各种手段的观测也有困难。加之远距离航行消耗主机工作小时，等到了厦门，舰艇已到了中修。另一种办法是陆运，用火车运过去。火车速度快，保密系数高，无疑比海路优越。但每条鱼雷艇长约二十米，而火车平板车每节才十几米，鹰厦铁路又依山傍水，道路弯曲，隧道有一百多条，鱼雷艇能不能装上火车，装上了能不能运过去，运过去了能不能卸载下水都是问题。

南京军区军运处、东海舰队军运处和上海铁路局集中群众智慧，提出了以三节火车平板车运载两艘鱼雷艇的方案。这个方案一定，陶勇又打电话向上海警备区借来一批陆军服，为的是鱼目混珠，以假乱真。鱼雷快艇掩盖上大帆布。列车开始向厦门疾驰。

萧劲光把鱼雷艇调到厦门,直到最后才让对手看清。鱼雷快艇在一个月后的“八二四”海战中,锐利突发,一举击沉了蒋舰“台生”号,严重挫伤了另一艘“中海”号……

一切都在有条不紊地准备。

战争正在以倒计时之中。

1958年夏天,厦门地区整天下雨,那雨说来就来忽大忽小,真把人下得五脏六腑都要发霉长毛;又像一床不知有多宽多重多厚的大棉被,三伏天把偌大一个世界捂得严严实实。

恶劣的天气,给部队备战带来了难以想象的困难和艰辛。

8月22日,台湾海峡风和日丽。

上午九时,台北“总统府”官邸召开军事会议,分析形式。讨论一上午,参谋部情报次长向蒋介石报告了研判结论,认为:虽不能排除“共军”在金门冒险的可能性,但“共军”近期最有可能攻击的是马祖。

战争进入读秒,而国民党军对解放军的战略意图却做出严重误判。

与此同时,厦门云顶岩收到中央军委来电:立即集中力量对金门国民党军予以突然猛烈的打击(不打马祖列岛),把它封锁起来。经过一段时间后,对方可能从金、马撤兵或虽然困难很大还要挣扎,那时是否考虑登陆作战,视情况而定。

对大、小金门岛实施第一次大规模的炮击,于23日开始,着重打击指挥机关、炮兵阵地、雷达站和停泊在料罗湾码头的敌海军舰艇。先打三天,看看国际反应和台湾当局的动态后,再决定下一步行动。

海军三个海岸炮兵连的上千发炮弹接连不断地在金门料罗湾爆炸。正停泊在料罗湾双打街卸货的排水量四千多吨的“台生”号登陆舰,连中七发炮弹,急忙启动“两倒四”的速度倒车驶离岸滩,向料罗湾东南海域逃窜。另十艘“中”字号、“美”字号、“江”字号军舰以及小货船、炮艇、登陆艇,有的砍断锚链,有的紧急起锚,向东南海域逃去。

炮击金门的战斗打响了。

一个星期以后，萧劲光通过多方情报来源证实：8月23日炮击，共毙伤国民党军六百余人，金门防部三位副司令命丧黄泉。

23日我军炮击后，美国和台湾当局最为关心的是如何对金门岛进行补给。炮击前，台湾当局为维持对金门的供应，每天都派大型舰船进行补给。炮击后，为了维持供应，减少损失，把白天运输改为夜间锚地卸载。

8月24日，在金门料罗湾锚地，依靠着十余艘舰船，我军海岸炮向敌舰船进行了猛烈的炮击。敌舰船急忙收锚向远处逃去。由于距离远，超出了岸炮的有效射程。敌舰这下放心了，纷纷抛下锚机再登陆卸货。

彭德清见此情景，拿起电话下达了“鱼雷艇出击”的命令。

……

金门炮战发生后，国民党和美国对于大陆所采取的行动意图都摸不着头脑，特别是美国感到紧张，认为这是向台湾发动进攻的前奏。他们紧急调遣部队的同时，国务卿杜勒斯于9月4日发表声明，表示要使用美国的武装部队来确保金门和马祖的有关阵地。中国政府在发表十二海里领海线声明的同时，庄严宣布：台湾和澎湖列岛自古以来就是中国的领土，不容许任何外国干涉，如果美国政府继续对中国进行侵略和干涉，把战争强加在中国人民头上，必须承担由此而产生的一切后果。

第二次炮击，是由两个原因引起的。一是美国为推行“两个中国”的阴谋，缓和美德之间的矛盾，决定派国务卿杜勒斯10月21日赴台与蒋介石会谈金门、马祖问题；二是10月19日夜至20日晨，美国海军登陆舰直接参加对金门的运输补给，并有四艘驱逐舰护航，这就违反了国防部长彭德怀公布的暂停炮击的先决条件。

前线指挥所将这一情况及时报告了中央军委。毛主席下达了恢复炮击金门岛的作战命令。

萧劲光一行来到云顶岩岸时炮击还没开始。站在山巅上，金门岛上一切都清晰可见，海面上一丝风都没有，肉眼一直能眺望到海云相连的地方。

大规模的炮击开始了。

萧劲光戎马倥偬，身经百战。曾于1948年率领第一兵团围困长春。那时他也下令炮击过，但那时的场面和现在当然无法同日而语。

炮击整整进行了半个小时。

根据中央指令解放军采用单日打、双日停的奇特作战方式，使全世界都感到惊奇。

彭德清也感到不理解，“这仗我怎么越打越糊涂了。”他问萧劲光。

萧劲光说：“我开始也糊涂。这种打法可以说是今古奇观。现在我明白了。象征性的单日打炮，是为了反对美国的‘停火’阴谋和蒋介石拒绝谈判的顽固态度。表示战争仍然存在；双日不打，实际上取消封锁，有意让国民党军固守金门，是为了将美蒋继续拖在金门、马祖不能脱身，并向台湾当局和广大军民表示共产党和平解决的诚意。这种打法单纯从军事上看，确实为许多人所大惑不解，但它是毛泽东的军事策略在战争中的一次生动体现。”

“打击国民党军队，孤立美国，扩大、加深美蒋之间的矛盾。蒋介石想拖美国下水，实现他反攻大陆的野心；美国则想以停火、非军事化、和谈撤军的方法，继续搞‘两个中国’的阴谋。美国对蒋介石施加压力，要蒋介石放弃金马。我们还不能让蒋介石轻易放弃。这样就达到了我们的策略。”

“萧司令，你这么一解释，我们对炮击金门才算真正有了认识。”彭德清说。

“我们必须看到金、马、澎、台斗争具有长期性、复杂性、尖锐性，战斗准备应树立有备无患的思想。将战备与基地建设结合起来，加固阵地，调整部署，改进作战体制，加强政治思想教育，建设好快艇基地、停泊场、海岸炮阵地。”萧劲光想得更深远。

事实正像萧劲光预料的那样，金马打打停停不间断。

1961年12月中旬，遵照中央军委关于保持台湾海峡局势稳定，不主动打金门国民党军的指示，福建前线炮兵部队把单日打实弹改为只打宣传弹。从此，实弹炮击停止。金门国民党军除偶尔打点儿零炮外，主要打的也是宣传弹。

1979年1月1日，中美两国建交。美国断绝了与台湾当局的“政府”间关系。为了争取和平统一祖国的大政方针，国防部长徐向前发表了《关于停止炮击大、小金门岛屿的声明》。

至此，特殊的炮击金门之战宣告结束。

第十章　终生海军司令

★海上阅兵,扬眉吐气

★劈波斩浪,勇往直前

★能文能武,多才多艺

“看到差距就好,我们的空军和海军现在就像这个一样大。”毛泽东伸出右手的小指头比划道,他又问萧劲光:“你现在还晕船吗?”

“现在晕船晕得轻了。”萧劲光回答。

“海军司令晕船,空军司令晕飞机。这就是我的干部政策。”毛泽东风趣地说。

与女儿萧凯合影

海上阅兵，扬眉吐气

1957年8月1日，是中国人民解放军建军三十周年纪念日。三十年是大庆，中央军委决定陆海空都要举办一些活动来庆祝。在庆祝活动筹备会上，周总理问萧劲光："萧司令员，海军建军八年了，你们能不能搞一点活动。"

海军经过八年的建设和训练，装备方面有很大进步，技术训练水平也有很大提高，萧劲光早就想展示一下，只是一直没有机会，现在机会终于来了。周总理一问，萧劲光想都没想便说："可以，我们准备搞一次海上阅兵。"

萧劲光一说，在座的都兴奋地拍起手来连声称赞："好，这个主意好。"

建军这么多年，以前也搞过阅兵，但那都是陆军在陆地上，海军搞海上阅兵还是第一次。

"你们拿出具体实施方案，我向主席报告一下。"周恩来听后也很兴奋。

给其他准备组织阅兵的陆、空部队交代完以后，周恩来对萧劲光说："海上阅兵我们是第一次搞，没有什么经验可以借鉴，你们一定要准备充分些。"

"总理，你放心吧，搞不好你拿我是问。"萧劲光拍着胸脯。

经过紧张的筹备演练，8月4日上午九时，人民海军举行首次海上阅兵。

天空一片碧蓝，海面上一丝风也没有，波浪舒缓地荡动着。码头边各种受阅舰船整齐排列着。萧劲光看着挂满着旗的舰船，内心里非常激动。检阅总指挥马忠全陪萧劲光检阅了部队。受阅部队一切准备完毕。萧劲光在即将走向码头时，看到陶勇正在"昆明"舰上交代什么。

"萧司令员，你再检查一下看是否可以。"陶勇见萧劲光来到，停止了交代。

“我不检查,出了问题我拿你是问。”萧劲光说。

“检阅在我这出问题,我自动辞职。”陶勇说。

“辞职便宜了你,我要把你送到军事法庭。”萧劲光半开玩笑说。

“出了问题,你怎么处理我都可以。”陶勇万无一失地保证。

陶勇是员虎将,萧劲光对他特别钟爱。

1957年9月,海军在北京召开军事训练会议。萧劲光在会上强调:要建立海军的战斗力量,必须在海上训练部队,在海上生成和锻炼我们的力量。图为萧劲光在会上讲话

说笑了一阵,萧劲光又问:“战士们是不是太辛苦了?”

“高兴还高兴不完哩,怎么能说辛苦?接到电话参加受阅,从官到兵都高兴坏了。接受周总理的检阅,人生能有几次这样的风光。”陶勇说的是实话。

萧劲光本想到舱室去看一看长途航行的干部战士,马忠全走过来说:“萧司令员,时间不早了,我们到码头上去迎接周总理。”

萧劲光看了一下表,知道不能再耽搁了,就和马忠全举手同艇上几个干部告别。陶勇陪萧劲光来到码头上。

“这次周总理检阅,你要是把船开得太快,不管周总理表扬不表扬你,我都要批评你。”萧劲光不放心地叮嘱陶勇。

“这次和上次情况不一样,那一次总理可是赞同表扬过我啊!”陶勇说。

去年周总理到东海舰队,陶勇陪总理到海上视察。为了叫总理感受一下国产护卫舰的航速,陶勇下令以“前进四”的速度全速航行,总理没有思想准备,舰艇突然提速,他差一点晃倒。

“将在外,君命有所不受,你得给我权力,情况需要时,我可不请示就去做了。”陶勇仍是“嘴硬”。

萧劲光笑了笑,便和马忠全一块走了。

萧劲光和马忠全来到海军码头。海军陆上人员早已在码头边列队了。

青岛车站自鸣钟刚敲九点。伴随悠扬的声音,八辆小轿车鱼贯而出地来到码头边停下来了。

周恩来总理神采奕奕地走下车。

海军搞阅兵,本来毛主席决定要亲自来检阅。青岛八月,一早一晚仍然有些凉意,前几天主席游泳着了凉,得了重感冒,便委托周总理代表他检阅海军部队。

陪同总理来的有国务院副总理乌兰夫、最高人民检察院检察长张鼎丞、公安部部长罗瑞卿和山东省省委第一书记舒同。另外,还有副总参谋长韩先楚、空军司令员刘亚楼。

总理一行来到海军码头。

整好队伍后,马忠全跑步来到周总理跟前:

“总理,受阅部队列队完毕,请您检阅,阅兵总指挥马忠全!”

“开始!”总理下达命令。

马忠全陪同总理开始检阅。

检阅完码头上精神抖擞的官兵,他们又登上检阅艇。

检阅艇鸣汽笛后驶出大港。

海面上微波荡动,周总理站在二层甲板上。

这时,胶州湾海面上,一艘艘舰艇和潜艇整整齐齐地排列着,各舰艇全部挂上了旗。旗下指战员列队站立,接受周总理检阅。

萧劲光和刘亚楼(右)在天安门城楼合影

检阅艇急速行驶着。每经过一艘舰艇,周总理都向官兵致节日问候。

检阅完海面上的各舰艇指战员后,周总理又登上停泊在港口的检阅旗舰。

舰上全体官兵列队欢迎。

军舰立时升起旗舰旗。萧劲光站在旗舰上,心情很激动。

萧劲光走到麦克风前,向周恩来总理致欢迎词。周总理随后也向全体受阅指战员讲了话。祝贺,鼓舞,并展望。

紧接着,海上分列式开始——

远处两架水上飞机发着巨大的轰鸣,从旗舰右侧滑翔起飞,飞机同旗舰相遇时,飞机摇摆起机翼向总理致敬。

周恩来总理注视飞机,不断挥手致礼。

飞机飞过以后,潜艇编队驶了过来。一艘艘潜艇像一条条巨鲸犁开碧蓝的海面。这么多潜艇同时编队而过,的确很壮观。陪同总理来的党政军首长都来到舷边观看。他们都很高兴,这是自己国家的潜艇部队啊!

潜艇编队刚过,整齐威严的猎潜艇编队驶过。

编队艇刚和周总理旗舰相平行时,猎潜艇便拉响了敬礼的汽笛。

海军是一个复杂的军种,要形成配套的战斗力必须具备各种战斗性能的舰艇。

猎潜艇刚过,快速炮艇编队疾驶而过,艇首的“八一”徽标特别醒目。

“这些炮艇全是国产的,虽然吨位小了些,但速度快,适应于沿海作战。”萧劲光对周总理说。

“很好，炮艇速度快，战斗时可以出其不意打击敌舰，以后还可以改进一下，造的吨位再大一些。”周总理称赞道。

萧劲光和总理交谈时，炮艇编队已驶过。

这次是十二艘鱼雷快艇编队高速驶来。

各种舰船编队依次驶过后，海军航空兵的歼击机群和水雷轰炸机编队越过上空。碧蓝的天空中，飞机喷吐的白烟在天空中画出一条条痕迹。

“不错，非常不错。”周总理含笑点头称赞。

几艘潜艇驶到旗舰旁边不远的地方，开始演示紧急航行和快速下潜。

潜艇演示完毕，天空又出现了两架运输机。大家还没弄清是怎么回事，机腹下便蹿出一个个伞兵，只一会儿工夫，蓝天中便盛开了一朵朵伞花。

这是航空兵表演的跳伞。精湛的跳伞技术将阅兵式推向了高潮。

海上阅兵整整进行了两个小时。总理始终精神饱满，笑容可掬。

“你们搞得这样好，我们空军怎么办呢？”空军司令员刘亚楼忍不住对萧劲光“抱怨”。

萧劲光和刘亚楼私人感情很好，两人曾两次一起到莫斯科访问。空军和海军虽不是一个军种，但有许多事情都需要对方帮助，海军有航空兵，空军也有一部分运油船队。

“你们阅兵规模比我们要壮观。”萧劲光“安慰”着老友。

“什么时间阅兵请你去。”刘亚楼爽利地说。

阅兵结束后，周总理为海军受阅官兵题词：中国人民解放军海军同志们，庆祝人民解放军建军三十周年，庆祝中国人民解放军海军成长和壮大！希望你们为建立一支更强大的足以保卫远东和世界和平的海军而奋斗不息！

1957年11月7日是苏联“十月革命”四十周年纪念日，中共中央决定由毛泽东率党政代表团赴莫斯科参加庆祝活动，同时还派出了军事代表团。刘亚楼和萧劲光是军事代表团成员。

1957年8月，萧劲光(前排右六)陪同周恩来(前排右五)等领导同志和舰艇官兵合影

一天晚上，刘亚楼和萧劲光去见毛主席。

毛主席同总理通完话，放下电话说："这里气候还适应吧？"

还没等萧劲光和刘亚楼说话，毛主席又接着说："噢，你们两人都到苏联待过，这里的气候应该能适应。"

毛主席还没吃饭，便边吃边问了一下他们来苏联访问的情况。

刘亚楼将空军与苏联空军达成的协议说了一下。

萧劲光谈了他同苏联海军司令商谈的一些问题，从我海军的任务、作战等方面请求苏联改进现在的一些舰船，海军准备成立科学研究机构，希望苏联派专家来指导等问题。

毛主席听得很认真。

萧劲光汇报完以后，毛主席说："我们现在空军和海军都还较落后，现在西方都在掐我们的脖子，真正愿意和能够帮助我们的，也只有苏联了，所以要抓住这次机会，在引进中多做些工作。"

谈了一会儿，毛主席说："这次观礼有什么感受？"

7日上午，苏联在红场上举行了规模盛大的阅兵典礼，社会主义国家的代表团都参加了，军事友好代表团也应邀参加了这次观礼。阅兵场上展示了苏军的建设成就，特别是各式导弹，使代表团成员大开眼界。

“这几年苏联的国防力量发展的速度确实惊人，昔日那种落后的景象已一扫而光。相比之下，我们虽然取得了不小的成绩，但差距仍然是很大的。”萧劲光说。

“看到差距就好，我们的空军和海军现在就像这个一样大。”毛泽东伸出右手的小指头比划道，他又问萧劲光：“你现在还晕船吗？”

“现在晕船晕得轻了。”萧劲光回答。

“海军司令晕船，空军司令晕飞机。这就是我的干部政策。”毛泽东风趣地说。

中国海军从无到有，从弱到强，这其间走过了一条艰难曲折的道路。中国海军有今天，萧劲光的功劳是有目共睹的，但是也应该感谢毛泽东，他在如林战将中独具慧眼选中了萧劲光。

“文化大革命”期间，在那个颠倒是非的年代，林彪等人多次向毛泽东告状，要求罢萧劲光的官。毛泽东不同意，十分肯定地说：“海军司令还要萧劲光来当，萧劲光是终身海军司令。”

1974年8月19日，萧劲光（前中）陪同朱德（前右）在秦皇岛视察海军新型导弹驱逐舰，受到官兵热烈欢迎

劈波斩浪,勇往直前

早在1950年,海军刚刚成立不久,毛主席在听取萧劲光汇报海军的建设后,沉思了一会说:"我们不但要建立水面舰艇部队,我们还要建立水下潜艇部队。"

第一次世界大战中,潜艇出尽了风头,被击沉的舰船中,三分之一是潜艇干的。

第二次世界大战中,潜艇又显示了神威。英国被击沉的军舰中,有百分之二十是被德国潜艇打沉的,商船高达百分之七十;日本被击沉的舰船中,百分之六十毁于潜艇;苏联被击沉的舰船中,有百分之四十也是德国潜艇干的。

中国是屹立在太平洋西岸的大国,有一万八千公里的海岸线和六千多个岛屿,为了有效地保卫我国领海,维护海洋权益,抵御外来侵略,中国理所当然要建立和发展潜艇部队。

萧劲光到苏联访问后立即书写了报告,请求派人到苏联学习,毛泽东、周恩来批准,跟苏联签订了协议,为中国培养四艘潜艇艇员。

他们精选了两百名德才兼备的人才到苏联学习。名义上是出国到苏联留学,实际上就在旅顺口"老虎尾"的苏联太平洋舰队驻旅顺潜艇分队学习。

潜艇学校的建立,潜艇基地的建设,与潜艇学习大队几乎是同步进行的。1954年6月28日,中国潜艇学习大队就驾驶"新中国十一号"、"新中国十二号"两艘潜艇,飘着"八一"军旗,从"老虎尾"向青岛航行,画出了中国潜艇部队的第一道航迹。

航行成功。萧劲光很激动,他打电话告诉朱德。

"那今晚我要喝酒庆贺。"朱德也很兴奋。

在这期间，党和国家领导都非常关心。萧劲光曾陪周恩来总理两度亲临视察。

周恩来站在潜艇栈桥上，望着碧波荡动的海面，他对萧劲光说："新中国终于诞生了自己的'蓝鲸'。"

第二次视察潜艇大队时，周恩来在潜艇值班日记上写下了："按照毛主席指示，学会潜艇作战。"

1954年7月23日，国防委员陈毅在萧劲光陪同下，视察了潜艇独立大队。参观后，他满怀激情地写下诗篇："人口六万万，立国太平洋。面对侵略者，必须有海防。水上多舰艇，空中能飞航。海深深千尺，潜水亦所长。件件皆掌握，样样是内行。严整陆海空，捍卫我边疆。和平可确保，建设日辉煌。战争如伸手，必定遭灭亡。大哉新中国，指日富且强。"

1955年11月，中国第一支潜艇部队接受中央军委的命令，参加总参谋部组织的辽东半岛抗登陆演习，两艘潜艇向"敌登陆舰"发起攻击，四枚鱼雷齐射，全部命中敌舰。

第一艘核潜艇的研制，凝聚了广大科技人员的辛苦，也饱含着毛泽东、周恩来的心血。

20世纪50年代末，科学技术突飞猛进，核能化已成为西方世界海军发展的大趋势。人民海军在现代化建设中，不但重视常规舰艇和潜艇装备的改进，从50年代末，萧劲光就提出了"向导弹化、核能化方向发展"，并且把尖端武器的研制提上了议事日程。特别是对当代武库中的王牌——核潜艇的研制，更是全力以赴。

在这以前，根据苏联海军发展现状，萧劲光访苏回来以后，提出了中国海"新阶段"的发展设想。一方面力争发展核动力、导弹武器等尖端技术，另一方面努力改进常规装备，尖端和常规相结合，逐步过渡到尖端为主的发展方向。

聂荣臻当时分管国防科研。萧劲光将这一设想告诉聂荣臻元帅，聂荣臻当时就表示支持。

"共和国手中没有核盾牌，就会受帝国主义和反动派的威胁，只有手中有了核武器，才能遏制这种威胁。"聂荣臻说。

萧劲光将开始建造排水量为一百吨左右的巡逻艇和反潜护卫艇的情况汇报完后，提出建造核潜艇的设想。

“聂荣臻就研制导弹核潜艇的报告，我已看了并同意。”毛泽东说，“核潜艇对我们来说很陌生，也太神秘。叫你来，是想看苏联在这个问题上能否伸出援助之手。”

“能不能伸出援助之手，我们把握不是很大，但尽量争取吧！”萧劲光说。

他还抱着一种心理：也许做做工作，苏联能帮助一下。

但随着赫鲁晓夫访华，萧劲光这一梦想被击得粉碎。

在赫鲁晓夫拒绝了中国关于核武器技术援助的要求，又撤走了全部苏联专家后，毛泽东发出誓言：“核潜艇，一万年也要搞出来。”

别无选择，只能依靠自己的国防力量，挑起这副重担。

海军成立了攻关小组紧张地研制。

1962年，周恩来总理主持中央专门委员会，根据海军和第二机械工业部的报告，会上决定在当时国民经济困难的情况下，保留有关方面人员继续从事核动力装置的理论研究和实验，为设计和试制核潜艇作技术准备。后经舰艇研究院广大科技人员的艰苦努力和反复修改，终于研制出核潜艇，并试航成功。

为海军现代化建设而奋斗的萧劲光

萧劲光对朱德说：“朱总司令，如果最近你方便的话，我代表全体海军指战员邀请您到海军视察。”

“到海军看看，我早就有这个愿望，什么时间都可以。”朱德很高兴。

青岛海军基地。

港湾里的各种舰船都挂上了旗，萧劲光陪同朱德来到码头。

我国自行设计、制造的四艘新型〇五一型导弹驱逐舰并排紧靠码头。

萧劲光扶着七十六岁高龄的朱总司令来到驱逐舰上。朱德兴致很高，丢下手杖，登上指挥台。

海面能见度很好，极目远眺，一直可以看到海天相接处。

舰长报告完后开始下达口令。

舰离开码头向海里驶去。舰首犁开蔚蓝的海面，航行不时将浪花带到指挥台上，浪花扑打在朱德身上。

“朱总司令，咱们到舱室里吧！”萧劲光见状说。

“我来的目的就是看我们自己制造的军舰，到舱室里就没有什么意义了，身上扑点儿浪花没有关系。”朱德兴致正高。

朱老总不停询问着舰的性能。

萧劲光详细地将驱逐舰的排水量、航行速度和其他性能一一告诉了老总。

“我这个总司令过去只是个陆军的总司令，如今有了空军和海军，我才成为真正的总司令了。”朱德听后很高兴。

驱逐舰来到港口处，“长征一号”核潜舰早已等待在那里。随着命令，潜艇开始了航行表演。长长的潜艇像一只巨大的蓝鲸划开海面。航行表演完以后，潜艇开始水下表演。

听着潜艇报的下潜深度和水中航行的速度，朱德忍不住拿过话筒跟潜艇上的指挥员直接交谈。他兴奋地对身边萧劲光说：“潜艇在水下跟陆面通话还是这样清晰，这样就好，岸上的命令指示能在潜艇上很快得到落实。”

“我们现在陆地上有了长波台，有了这个东西，潜艇无论在什么地方，水上水下，通信都有保障。”萧劲光说。

“超长波台确实是人民海军现代化建设的一项重大成果，难怪毛主席要给赫鲁晓夫发一个一吨重的大勋章呢！”想起往事，朱德很开心。

视察完海军后，朱德回京。萧劲光又派人送去核潜艇研制、试验过程的资料片。并特意抽出时间陪同朱老总一同观看。

影片放映了一个半小时。

“看了片子,很好,很有成绩,鼓舞人心。这是吓人的,再搞十几条,帝国主义就害怕了。”朱德说。

回来的路上,萧劲光仍然按捺不住兴奋和激动。街上灯光闪烁,一个想法在他脑中闪了一下:何不向海军党委建议,借朱德委员长视察海军所作的指示、题词以及观看核潜艇电影的谈话,促进一下海军建设的发展呢?

萧劲光知道,共和国虽然有了核盾牌,海军建设有了一个大的飞跃,但海军发展的道路上仍有许多险峰要攀登。有毛泽东、周恩来和老帅们的支持,困难一定能战胜。

他望着星空,遐想着:有一天,一支威武雄壮的中国舰队航行在遥远的蓝色太平洋上……

能文能武,多才多艺

作为一位指挥过千军万马,在战场上厮杀过的大将,萧劲光还时时显露出文艺爱好和天赋,堪称能文能武,多才多艺的儒将。

在青年时代,萧劲光便喜欢乐器,擅长洞箫、二胡的演奏。萧劲光在长征时背负着比别人更沉重的东西,那便是从苏联带回,再从瑞金一直背到延安的一些军事书籍。这些书籍后来在延安时被毛主席称为“萧劲光藏着的‘宝贝’”,兴冲冲地借走研读。此外还有一件乐器始终伴随着他,那便是一支洞箫。在万分艰苦的长途行军途中偶然能够得到休息时,萧劲光便抽出洞箫吹奏一曲民歌小调,以鼓舞将士们克服疲劳病痛和失去战友的悲伤,振作精神继续前进。

在解放战争围困长春的战役中,偶有空暇,萧劲光便拉着他喜欢的二胡,思考着指挥艺术,曲子便是陕北和湖南的民歌。新中国成立后,萧劲光又向海政文工团著名作曲家吕远学习弹曼陀林,演奏外国民歌。他也爱唱歌,如同他平时说话一样,是浑厚动听的男中音。担任海军司令员在旅顺口和苏联海军谈判期间,萧劲光还唱过苏联歌曲《喀秋莎》,使得在场的苏方人员和海军官兵十分惊异而且振奋。

每当萧劲光稍有空闲,或集中精力思考问题时,或在孩子们的要求下,往往会从墙上摘下洞箫,吹奏一曲或欢快或悠闲的曲子。他的女儿萧凯说,在"文革"中,从父亲吹奏的《满江红》和《苏武牧羊》等古曲中,可以听得出他充满愤怒与悲怆的内心感情。萧劲光对音乐的理解和诠释不仅准确,而且有独到的处理手法。

萧凯女士在一次接受采访时,还透露:"我爸爸是将军,不仅能打仗……他唱苏联歌曲唱得非常好。我上中学时,在大连,有一天我跟着父亲坐在阳台上,父亲给我唱《三套车》,他先用中文唱,问我会不会唱,我说会是会,但词记得不太清楚,父亲又用俄文唱了一次,我觉得父亲唱得比我还好。"

身材魁梧的萧劲光擅长水兵舞。

1987年"八一"建军节,萧劲光和前来看望的海军司令员刘华清(前左二)、政治委员李耀文(前左一)亲切交谈

之。

那个时候,他刚从苏联回国,任职红军闽粤赣军区参谋长兼政治部主任。

他还很有戏剧表演天赋,从参加革命开始,就经常在自娱自乐的舞台上活跃着。在苏联东方大学学习时,他跟刘少奇搭档,排演一部反映军阀欺压人民的戏,他亲自模仿趾高气扬的军阀。在安源支援工人运动时,他是游艺股长,更是编排了很多活报剧,有时也亲自上台表演,效果很不错。在红五军团做政治委员时,萧劲光和总指挥季振同还邀请到毛泽东的夫人贺子珍,一起表演个小剧,“军阀”和“帝国主义”还有“进步女工”惟妙惟肖,在苏区引起一时轰动,观众们津津乐道。

萧劲光对绘画,特别是中国画有着特殊的喜好。哪里有画展,他都会兴致勃勃地去观赏。他是荣宝斋的常客。1965年,他把用积攒的工资所购买的四幅古代名画,无偿捐献给了故宫博物院。

萧劲光很重视用美术为战斗服务。在“四保临江”的严酷战斗中,他指示部队美术工作者画了许多木刻宣传画,并亲自逐件审看,具体指点,而后用大炮打到敌方阵地进行心理作战,以瓦解敌军的士气。结果,真的有敌方士兵手持宣传品前来投诚。

海军创建之初,便在萧劲光关心下组建了美术组。他强调海军的美术组“要多表现海洋和海军生活”,并具体过问美术组的工作。海军凡有美展,他必定到场仔细观看,并提出意见和建议。当时,海军被公认是全军美术创作力量最强的。

在海军工作的漫长岁月里,萧劲光一有空暇便练习书法,始终不曾间断。有时也应一些单位之请题题字。萧劲光兼校长的新中国第一所海军院校——大连海军舰艇学院的校名,便是他所题写,至今仍然沿用。萧劲光的书法在军中颇有名气,多种书法展览都向他索要作品,中国书法协会也选聘他为理事,对此,老将军乐意为之。

1988年春节，萧劲光（左一）和国家体委副主任荣高棠（左二）切磋书法

萧劲光兴之所至，或有人索取时，也即兴题写自己的诗词、对联或鼓舞人心的豪言壮语赠人，这是他的长项。

海军初创时，萧劲光就亲自拟定了许多激励干部战士的口号，比如“热爱海洋，征服海洋”、“要做海上主人，不做海洋奴隶”，等等，精彩且有鼓动性，也都用书法写出。萧劲光对身边的工作人员求字从不吝啬，常书写“劲松”等大字赠送。对战友们亦然，为贺晋年将军的画册《将军竹》题词：“未出土前先有节，凌云高处仍虚心”。有感于长期的海军军旅生涯，萧劲光曾写下“碧海蓝天秋风劲，江天万里明月光”的对联，赠给哥哥萧永定。

晚年，他在全国人大常委会副委员长任上，工作之余，除学习英语、复习俄语外，经常濡墨挥毫，书写了许多作品，且多为几十公分的大字。如此高龄的老人，书法笔力遒劲，雄浑古朴，颇有“烈士暮年，壮心不已”的气概。

女儿萧凯保存有萧劲光八十四岁时书写的“云海”二字，妥为珍藏，以纪念父亲。

“父亲之于我如高山仰止，对父亲作评价非我所能企及。”萧凯认为，父亲萧劲光秉性真诚乐观，一生勤奋好学，追求真理百折不回，永远充满热忱地去生活去工作,并积极报效祖国,回报社会,不但充分体现了他的个人价值,同时还获得健康长寿,其因果关系是辩证的、科学的。

这位终身海军司令献身海军事业整整三十年。

离休后,萧劲光仍然十分关心海军部队的建设。人民海军每取得一点成绩和进步,他都为之兴奋、激动和高兴。世界海军领域正发生着前所未有的巨大变化,为了让海军沿着海战史的发展轨迹继续壮大,萧劲光将自己多年来的一些想法整理出来,让秘书送给海军领导参阅。

1987年1月4日,海军党委刘华清、李耀文、张序三、张连忠等人专程来到萧劲光家,看望这位为海军建设做出巨大贡献的老司令员。刘华清、李耀文告诉他,人民海军航空兵机群正飞过岛链,深入西太平洋,与我混合编队进行合练。轰炸机群在广阔的太平洋上,纵横驰骋飞行数千里,进行十多个科目的训练。这次舰机协同训练,标志着海军航空兵远海作战能力达到了新水平。

"好,很好。"萧劲光听后连声说。

"老司令,我们想请您到海军走一走。"李耀文提议,其他几个党委成员也纷纷发出邀请。

"在我有生之年,我一定要到海军走一走看一看。这是我企盼已久的心愿。"这位老司令说。

1989年3月29日,戎马一生的萧劲光终于走完了他辉煌的一生。

由于身体原因,他回海军"再次走一走"的心愿一直没有实现,留下了人生一憾。

值得告慰的是,新世纪,人民海军正以前所未有的速度,走向大海,走向强大……